Susana Pérez-Alonso

Susana Pérez-Alonso nació en Asturias en 1958. Compagina su pasión por la literatura con su actividad política, el asociacionismo y la colaboración habitual en prensa y radio. Fue finalista del premio La Sonrisa Vertical en el año 2000 con la novela erótica *Mandarina*. Además ha publicado las novelas *Nada te turbe*, *Nunca miras mis manos* y el volumen *Cuentos de hombres*.

Visite la web de la autora: www.susanaperezalonso.com

DE LA TERNURA, LA IMPOSTURA Y EL SEXO

Susana Pérez-Alonso

(RELATO INÉDITO)

Fragmentos de

Nada te turbe

Cuentos de hombres

Mandarina

Nunca miras mis manos

DEBOLSILLO

Diseño de la portada: Departamento de diseño de Random House Mondadori
Directora de arte: Marta Borrell
Diseñadora: Yolanda Artola
Ilustración de la portada: © Photodisc/Getty Images

Edición no venal

Printed in Spain – Impreso en España

ISBN: 84-3404-630-0
Depósito legal: B. 31.579 - 2004

Fotocomposición: Lozano Faisano, S. L. (L'Hospitalet)

Impreso en Novoprint, S. A.
Energia, 53. Sant Andreu de la Barca (Barcelona)

R 3 4 0 4 6 3

DE LA TERNURA, LA IMPOSTURA Y EL SEXO

(Relato inédito)

(CARENAR)

Del lat. carinare.

1. tr. Mar. Reparar o componer el casco de la nave.

2. Añadir accesorios ornamentales o aerodinámicos a una motocicleta o a un bólido.

A Manuel Fernández-Cuesta, que carena
mi alma con palabras.

A Mónica Margarit, por estar.

A Luis G. Berlanga, que me consoló una noche de derrota y ahora me escribe palabras hermosas; a él que me enseñó con sus películas cómo el humor puede ser tan letal como un disparo.

A Anna Louis Gulstad, por sonreírme siempre.

Memento...

De la ternura

No te abandonarán.
El tiempo pasará, se borrará el deseo
—esa flecha de sombra—
y los sensuales rostros, bellos e inteligentes,
se ocultarán en ti, al fondo de un espejo.
Transcurrirán los años. Te cansarás de libros.
Descenderás aún más
y perderás, también, la poesía.
El ruido de ciudad en los cristales
acabará por ser tu única música,
y las cartas de amor que hayas guardado
serán tu última literatura

No tires las cartas de amor

JOAN MARGARIT

Estamos a finales de abril! En enero, nada más pasar las fiestas, comencé el régimen: sólo he adelgazado dos kilos. ¡No puedo más! ¡He comido tanto pollo que me saldrán alas! Denunciaré al médico.

—No haces bien la dieta, Marcela. Comes cuando te apetece: el pollo y después lo que quieres: pasteles, frutos secos... Nunca adelgazarás, nunca.

—Es fácil decir eso cuando se es un saco de huesos como tú, Aurora. Demuestras poca compasión por mi problema, para ti es fácil...

—No es tanto problema: un poco de celulitis, la cadera más grande del canon actual, el culo, en fin… y los muslos flojitos. No es para tanto, Marcela, no lo es.

—Voy a operarme: culo, muslos, papada. De todo, Aurora.

Aurora y Marcela continuaron hablando durante un rato sobre los beneficios de la dieta, la inquina manifiesta de los diseñadores —todos unos homosexuales rencorosos, según Marcela—, la delgadez enfermiza de las modelos y el cutis estirado de alguna artista, hasta que fijaron la mirada en una tercera figura sentada frente a ellas.

—¿A ti qué te pasa? No hablas nada y hace una semana también estabas a régimen… y no opinas; ahora, no opinas, así que te pasa algo. ¡Canta!

—No me pasa nada, Marcela.

—Marcela tiene razón, Mónica. Algo te pasa, no abres la boca, no discutes ninguna de las frases de Marcela y eso es porque te pasa algo.

—No me pasa nada. O me pasan cosas que no quiero que me pasen y el resto es la nada. Me aburro, estoy harta.

—Eso te sucede por haberte ido al puñetero Irak, no se te había perdido nada allí; pero la señorita quería ser corresponsal de guerra y ¡ale!, a ver la miseria, la sangre y la guerra. Tus diversiones son retorcidas, Mónica.

—Ir a Irak puede ayudarte a ver otra realidad del mundo, a ver el mundo como es y no como nos lo cuentan; a contar la verdad. Y si pensamos quién está a favor de esa guerra y en esta casa, las diversiones retorcidas son las tuyas, Marcela. Pero algo te pasa, Mónica, eso se nota.

—Queridas Mónica y Aurora: tenemos el mayor televisor del mercado, el más caro, el más grande, el más plano. Se ven estupendamente los bombardeos desde el salón de casa y yo, de bombardeos, entiendo mucho. Así que algo no le funciona a tu cerebro, Mónica. Una cosa es el periodismo y otra la idiotez, amiga mía. Y no pienso discutir mis votos contigo,

Aurora. Por cierto, echo de menos la voz de la modernidad de este hogar. ¿Sandra ha sido abducida por alguna fuerza maligna o duerme?

—Estoy aquí, Marcela. Buen día a todas. Ayer me acosté tarde; ya sabéis...

—¡No sabemos nada! ¡Nada! Si el saber supone que nos cuentes cómo te acostaste con alguien que te gusta y que fue estupendo, no queremos oírlo. Yo hace mucho tiempo que no paso por un trance similar, así que no me hagas sufrir más de lo debido, Sandra.

—Marcela, esta mañana estás especialmente insoportable. Muy insoportable. Come de una puñetera vez, asalta la nevera, pero déjanos en paz. Ya no puedo aguantarte.

Aurora perdía la paciencia, Marcela continuaba gritando, Sandra bebía un zumo de arándanos con cara sonriente y Mónica miraba al frente, al exterior.

En la Plaza de la Paja aún quedaban árboles, todavía no los había talado ningún alcalde con ansias arboricidas; haberlos hailos...

De vez en cuando, algún gorrión se posaba en los alféizares de las ventanas y las palomas entraban y salían de la casa a su antojo para desesperación de Marcela que intentaba espantarlas.

—¡Mónicaaaaaaaaaaaaaaaaaaaaaaaaaa! ¡Mónicaaaaaaaaaaaaaaaaaaaaaaaaaaa! Es sábado, no hay trabajo. Ven a pasear un rato. ¡Muy bueno tu artículo de hoy; espléndido, amor!

La voz se había colado por las ventanas de la casa y Mónica sonreía por primera vez en muchos días.

—¿La noruega desconoce la existencia del interfono? Vídeo-teléfono en este caso. Este barrio siempre me pareció especialmente extraño; os lo dije cuando compramos la casa. Mucho artisteo, mucho raro. No hay ningún científico, no sé si hemos hecho una buena inversión... Y el coche oficial no llega a la puerta, le cuesta trabajo...

—Marcela, esto no es la antigua Unión Soviética, no es un barrio medieval en el que la gente vivía agrupada por gremios. Esto es el siglo veintiuno: vivimos como nos da la gana. Deja de quejarte.

La voz de Anne Louis volvió a entrar en el salón y Mónica se despidió con la mano. Aurora preguntaba a qué artículo se refería la noruega y Sandra comenzó a leerlo en voz alta.

La vida cotidiana está llena de abismos. Te pillan de sorpresa. Cuando caminas por la montaña, vas atento, mirando. El despertar diario es más traicionero, más alevoso que la sima de una cordillera. Descuelgas el teléfono y marcas un número. Al segundo, cortas la comunicación. Te das cuenta de que ese teléfono está desconectado. El titular ha fallecido hace meses. O años. Algunas veces no ha sido muerte física: se ha muerto el amor, la amistad... Estos días me empeño en llamar a mi perro. Al levantarme de la cama lo llamo a voces, me extraña que no corra a lamerme la mano. Ése, mi perro, sí se ha muerto. Mi casa se llena de fotos de muertos. De amigos, de perros, de artistas que acompañaron mi infancia o juventud. Cada tanto, tacho nombres en mi agenda de teléfonos. Y yo me siento un poco muerta; la soledad debe de ser parecida a la muerte. Los amigos son una especie de gaya que vas colgándote en el pecho; dan color al fondo que eres tú mismo.

Verán que mi artículo de esta semana no es de opinión al uso; es de opinión sentimental. Está tan llena de violencia la vida, de tanta sangre, que de vez en cuando hay que tomarse un respiro para el sentimiento. Las líneas siguientes las escribí hace tiempo, pero nunca llegaron a publicarse. Son noticia, un anuncio así lo es: ternura hecha noticia... «CHAL EXTRAVIADO». *Color rojo. Gran valor sentimental. Zona Uria Parque.» ¿Qué hay detrás de un anuncio del periódico, de un pequeño recuadro en el que se hace una llamada a la devolución de algo, en apariencia peregrino, como un chal? Podría haber misterios ocultos, secretos y mentiras inconfesables, y ser el anuncio una coartada. Para mí hay ternura, mucha ternura. Imagino a la nieta que ha sacado de un viejo baúl un chal traído de Cuba o Manila por el abuelo. Imagino a la nieta, joven, danzando ante el espejo con el chal. Pensando cómo sus amigas se quedarán heladas de envidia cuando la vean portando el chal de color rojo. Imagino la cara desolada de la nieta cuando al regresar a casa, después de la fiesta, se da cuenta de que el chal ha desaparecido de su brazo. El susto primero, después el llanto. Rabia al pensar que alguna de esas malas amigas se lo ha robado.*

Puede que sea la abuela quien lo perdiese. La abuela que salió a pasear por Uria, camino de Rialto, a la merienda semanal con las amigas. La abuela que se ha vestido con cuidado, con primor. Se ha puesto las medias con dificultad, con mucho trabajo. Vive sola y ya no queda el servicio de antaño que ayudaba a vestir a la magnífica señora. La veo sacando el chal del baúl de sándalo, uno de los pocos muebles que pudo conservar cuando los hijos la obligaron a vender la casa de siempre. La convencieron diciéndole que sería un buen negocio, que el constructor pagaba bien y que ella no necesitaba tanto espacio. Veo a la mujer de ojos azules empañados por una zona blanquecina, seguro que cataratas, sacando el chal del baúl; la veo ponérselo ante el espejo. Se sienta en la cama y llora. Llora al recordar la primera vez que vistió el chal. El marido había regresado de Guinea, un viaje para vigilar la maderera. Antes había estado en París. A ella nunca la había llevado a París. Los hijos llegaban uno tras de otro y ella, la hoy abuela arrugada, nunca quiso abandonar la casa y dejarlos en manos de las ayas. Al regreso, él siempre le contaba lo magnífica que era aquella ciudad y, de vez en cuando, dejaba escapar detalles de cabarés que visitaba con los amigos. Ella fingía enfadarse, cuando en realidad no le importaba. Él la quería de veras. Los cabarés eran una anécdota. La hoy vieja señora siempre fue lista, amén de bella. El día que le regaló el chal de color rojo, el marido esperó a que toda la casa estuviese en silencio. Estaban solos en el dormitorio, se acercó a ella y le acarició el pelo:

—Cierra los ojos…

Y ella, con los ojos cerrados, sintió cómo el hombre dejaba caer algo sobre sus hombros. Esa noche, el marido, le hizo el amor como se lo hacía a las prostitutas de lujo parisinas; y esa noche, engendraron al último hijo. Un varón, que fue el que insistió más en la venta de la casa familiar. Un cabrón de hijo que nunca iba a verla, pensó la mujer al levantarse de la cama después de recordar a su marido. Y caminó a Rialto con el chal encima de los hombros; y caminó a Rialto sintiendo la mano del hombre enganchada a su brazo. Y caminó de regresó a casa después de la merienda, pensando que Pilita García de la Nuez era cada día más fea y más engreída. La vejez resaltaba los defectos. Y tropezó con un zopenco que iba en patinete por el Paseo de los Álamos. Casi la derriba del empujón. Era uno de sus nietos, hijo del último varón, el peor de todos. Le dio un billete de 50 euros creyendo que le daba 500 pesetas. La abuela, la mujer del chal rojo, aún no se había acostumbrado al euro. Y al llegar a casa, pensando en el tremendo aspecto de su nieto, con aquellos pantalones extraños, grandes y descoloridos, al llevar la mano a los hombros no tocó la seda del chal rojo…

Hoy, la opinión es ternura. Ojalá fuese noticia más frecuentemente…

—Ha dejado la violencia verbal a un lado: sí que le pasa algo; claro que le pasa… Y lo ha situado en Oviedo; tiene nostalgia. Yo no lo añoro en absoluto. Esa ciudad y toda la provincia se están muriendo de abandono. No volveré nunca, jamás.

Marcela empleaba un tono triste; pensar en Asturias ennegrecía su ánimo.

Aurora, Marcela y Sandra retiraban los platos del desayuno mientras comentaban el artículo de Mónica. En su amiga no era normal escribir aquellas cosas. Ella era una guerrera del siglo XXI, una mujer tremendamente dura; un supuesto ejemplo a seguir por miles de mujeres; abanderada de causas perdidas. Parecía hablar de sentimientos; en el artículo parecía hablar de amor y aquello era preocupante.

Entre tanto, la autora recibía los abrazos de Anne Louis y los lametones de León, un cocker canela que saltaba entre sus piernas, se lanzaba a una carrera, terminaba con el cráneo incrustado en el suelo de la plaza y regresaba a lamer las manos de Lu y Mónica.

—¡Tu artículo es estupendo, corazón! Me ha sorprendido, has dejado a un lado la muerte. Hace meses que nos atormentas con bombardeos, guerras injustas y torturas horrendas en Guantánamo.

—Es lo que hay, Lu, es lo que hay; alguien tiene que contarlo, supongo.

—Sí, también hay amor, sexo, sentimiento. Hay de todo en el mundo, Mónica. Hace tiempo que te empeñas en ver lo negativo de la vida, cariño. Yo lo veo en la televisión, a ser posible desde la cama y después me doy la vuelta e intento disfrutar lo que tengo al lado.

—Tienes suerte, Lu, tienes siempre a alguien al lado. Claro que es normal.

—¡No! ¡No te comportes como Marcela, *darling*! ¡Estás guapísima, *Monique*! Cada uno es como es, el físico no importa tanto como piensas; te estás dejando influenciar por esa absurda mujer, deberías vivir conmigo y no con ellas. Yo te encuentro guapísima, *Monique*. Deseable, ya sabes.

Mónica Aguirre se rió a carcajadas mientras respondía a su amiga.

—Sí, ya sé, ya sé. Pero no es lo mío.

—Aprende a hablar con precisión. Parece mentira, *Moni-*

que, cuando hablas de sexo, pierdes la precisión en el habla.

—En la lengua. Querrás decir que pierdo la precisión en el lenguaje. Cuesta trabajo entenderte, en ocasiones me cuesta, Lu. Bueno, quiero decir que te agradezco mucho tu interés, tus palabras, pero que lo mío no son las mujeres.

—¡Ah! Ni lo mío. Hablo de sexo en general, *Monique*, y tú jamás has probado de lo que te hablo. No puedes saber lo que te gusta si no lo pruebas.

El móvil sacó a Mónica de la situación que, sin ser embarazosa, le resultaba incómoda. Nunca sabía si Lu hablaba en serio o en broma. Ella no soportaba la inseguridad y en esos temas resbalaba totalmente. Sonrió al ver la nota del teléfono. Era de risa, motivo de risa y carcajada.

... no puedo verte, hoy no... Si te viese, te arrancaría los botones de la blusa, no puedo verte sin sentir eso... No puedo verte...

—Mira, Lu. Esto te hará gracia. Y más cuando veas quién es.

Anne Louis leyó la nota y miró a su amiga.

—Dile que coméis juntos hoy. ¡Díselo!

—Hoy es sábado, estará con su mujer. Lo manda para mantener la *tensión*, eso dirías tú. Es mi amigo, supongo que tiene problemas y esto lo divierte, lo saca de la rutina, Lu. Sólo es eso. Primavera y hormonas, funcionan así; bien sé yo cómo funcionan...

—*Monique*, siempre lo mismo, siempre regresando al mismo punto. ¡Hay que avanzar! Bueno, hoy me voy a la finca de Anders. Viene a buscarme dentro de un rato. Si quieres, puedes venir. No habrá nadie más que nosotros, pero es un lugar agradable. Anímate y ven.

—No, tengo trabajo y vendrá mi hija a pasar el día.

—¿Está mejor del mal de amores?

—No. Parece que sí, pero no. En Bolonia dice que olvida; yo creo que hace el tonto. No aprobará ninguna asignatura importante y regresará como se fue. Mi único consuelo es que su italiano mejora; es lo único que sacamos en limpio de toda esa historia.

Cuando terminaba la frase, Mónica se dio cuenta de que pasaban junto a la puerta del restaurante *Mal de Amores*, señaló con un dedo el rótulo.

—Tiene que ser algo universal para que hasta se lo pongan a un restaurante, Lu.

—Supongo, yo de eso nunca he padecido, *Monique*. Bien, me voy. Si te arrepientes, ya sabes dónde estamos.

La rubia y el cocker desaparecieron entre las miradas de los transeúntes; era increíble el efecto de su amiga en el sexo masculino, atraía las miradas de todos y cada hombre que la viese.

—Por algo fue modelo...

Al momento, Mónica se rió de nuevo: encontrar explicación al magnetismo de Anne Louis era tanto como buscar una para que nadie torciese la cabeza cuando ella caminaba. Probó, intentó imitar el contoneo de su amiga, aquella especie de saltos que daba al caminar.

—¿Te encuentras mal, Mónica?

Pedro la miraba con cara de preocupación.

—No, intentaba imitar a Anne Louis al caminar, Pedro.

—Pensé que te había dado un mareo, me has asustado. No pierdas el tiempo, es como si yo intentase imitar a Marc Vanderloo, Mónica. Ni lo intentes. ¿Has recogido las *cheese cakes*?

Pedro y todos los camareros de *Delic* se empeñaban en llamar a las tartas de queso con palabrería inglesa que sacaba de quicio a Mónica. Sonaba extraño el inglés, aquel inglés con acento castizo y en la Plaza de la Paja. Todo el mundo se empeñaba en hablar el idioma del Imperio, ella lo odiaba. Tarta era tarta y queso, queso. Mónica respondió que no y pensó que Pedro tenía más fácil la imitación: sus pantalones a media pierna, sus pelos recogidos de una manera extraña con ganchos de colores, las sandalias de plataforma, la camiseta recortada en el pecho… Apreciaba a Pedro, siempre era amable, siempre tenía una palabra atenta, y en el mundo actual, eso era de agradecer.

—Sí, ya lo sé, la dificultad no era por el cuerpo, querida: él es más hetero que yo, no quiero oírlo. Sólo era un ejemplo, Mónica.

Contoneándose uno e intentando mantener la compostura la otra, llegaron a *Delic*. Las tartas de queso estaban preparadas. La clientela era la habitual en una mañana de sábado: actores sin trabajo, vestidos como actores sin trabajo; parejas de provincias que contemplaban todo con cara de admiración y extrañeza… Desde que había salido en las guías turísticas y algún dominical, *Delic* recibía visitantes que contemplaban lo que veían como quien visita otro mundo. Mónica sonreía pensando que lo único diferente era la mirada arrogante de algún actor de serie televisiva y la vestimenta de los habituales del local. Al final todo era como en cualquier sitio de provincia del mundo, de cualquier mundo. El móvil volvió a sonar y respondió a la nota.

… estoy en la piscina… en biquini; una gota de agua se desliza desde mi boca a la barbilla, desciende por el cuello hasta el pecho, levanto el sostén y la dejo bajar hasta la goma de la braga. Eso hago…

Si quería imaginación ella se la iba a dar. No costaba nada y él estaba pasando por un mal momento, no había otra explicación. Después de veinte años siendo amigos, aquello no era normal; la crisis de los cuarenta, eso era, aunque él ya tenía algunos más…

Al entrar en casa, encontró a su hija y a Marcela discutiendo.

—Marcela, te he dicho que lo tengo decidido, no pienso cambiar de opinión, da igual lo que me digáis, no pertenezco a vuestro club de chifladas que cada día se parece más a una secta.

—¿Qué pasa?

—¡Tu hija quiere cambiarse el nombre! No le gusta. A mí me parece fatal. ¡Yo se lo elegí! ¡Soy su madrina, la acogí en el seno de la Iglesia en la Pila Bautismal! Y tengo derecho a opinar. Al parecer, su padre apoya esta ridícula decisión. ¡Yo, por supuesto, me opongo!

—Mónica, comprenderás que no voy a llamarme Gertrudis el resto de mi vida, no lo haré. Papá me apoya. Dice que es una locura de juventud vuestra, que no tengo por qué cargar el resto de mi existencia con esto. Ya he comenzado los trámites en el Registro Civil y en la Iglesia. Pila Bautismal... Cada día te expresas de manera más cursi, Marcela.

—Gertru, no es para tanto. Hazlo si quieres, pero no es para tanto...

—¡Dilo completo, anda, dilo entero! ¡Llámame Gertrudis! ¡Ten valor, mamá!

—¡El nombre no tiene nada de malo! Es el de una reina: Gertrudis de Dabo, esposa de Teobaldo de Navarra...

—Marcela, te he dicho que me voy a cambiar de nombre y lo haré sin más discusiones. ¡Llámate tú así! Bromas en el colegio, bromas en la facultad. ¡No pasaré por esto ni un minuto más! ¡No quiero problemas! Y en Italia no podéis imaginaros cómo lo pronuncian, no podéis haceros una idea. Terrible, es terrible... Tu artículo de hoy es precioso, mamá. Precioso. Mi padre dice que te estás ablandando, que estás enamorada seguro. Que él cree que te equivocarás una vez más, pero que te apoyará, como siempre. Dice que también apoyó tu decisión de venirte a vivir con estas desquiciadas, que no lo entiende, pero que te apoyó. Comprende que quieras vivir como una artista, pero no con éstas.

—¿Qué pinta aquí tu padre, Gertrudis? Desquiciadas, nos llama: nunca cambiará... Un hombre de orden que amarga a quien se pone a su alcance. Y tú ¿de quién estás enamorada, Mónica?

—De nadie, Marcela; por desgracia de nadie. No entiendo casi nada de lo que decís. Me parece bien que te cambies el nombre, hija, me parece bien. Tendríamos que haberlo hecho antes. De tu padre no haré comentario alguno; cuando una mujer se va de casa es una desquiciada por sistema. Nadie se plantea el motivo de los desquicies. Cambiando de tema, Marcela, te has vestido de una forma extraña. ¿Te has puesto esa cinta en la frente por algo especial?

—Tengo golf...

—¿Tienes golf, tía Marcela? Lo dices como si fuese la viruela, como si padecieses una enfermedad.

—Gertrudis, deja de jorobarme, ya me has fastidiado el día: tu padre me ha ganado una batalla y no lo soporto; en cuanto puede, me hunde, me machaca en su periódico. Tengo clase de golf, dicen que relaja mucho y lo necesito; necesito *relax*, mucho *relax*... ¡Tú piensas que tienes problemas y ni siquiera sabes qué es tener problemas!

—Esos pantalones, esa cinta en el pelo, los calcetines de rayitas... no sé si se justifican con lo del golf, Marcela.

—¡Hombre! Habló la especialista en moda, que hace meses no se pone mechas en esos pelos. Y no me preguntes cuál es mi problema, con el de la niña tenemos suficiente. Nadie se preocupa por mí. Desde que murió mi madre, nadie se preocupa por mí. Tengo un problema grave, muy grave...

—Marcela, ¡tu madre te abandonó cuando tenías cinco años! ¡La viste tres veces en tu vida! ¿A qué viene esto ahora?

—Bien, restriégame más lo de mi madre, pero que quede claro que la tuve... El problema es que soy frígida. Ése es el problema. No quise contarlo a la hora del desayuno, no quería que las otras dos se enterasen.

—No pienso aguantar una sesión de terapia de sexo, Marcela. Mamá, dile que no hable de eso. No os soporto, intentáis imitar la vida de *Sexo en Nueva York* y no lo soporto. Pensar que en la menopausia puedo ser como vosotras me pone enferma. Un trauma más.

Marcela se lanzó a contar el supuesto problema, la puerta de la calle se había abierto a la vez que Gertrudis gritaba y dos voces preguntaron al unísono:

—¿Desde cuándo eres frígida? ¡Ah, y ninguna es menopáusicas, aún no! Tomamos mucha soja, magnesio, selenio. Tomamos de todo. ¿No ves cómo estamos de bien conservadas?

—Sí, como en formol...

Sin hacer caso al comentario de Gertrudis, Sandra y Aurora dejaron en el camino hacia los sofás las bolsas del supermercado.

—¡No os importa! ¡Es mentira! ¡No pienso contarlo! ¡Fue por decir algo, no es cierto que sea *eso*!

Después de una negociación que no duró más que tres segundos, Marcela se dispuso a contar el supuesto contratiempo, ante la mirada de reprobación de Gertrudis.

—¡No me mires así! ¡Ni que fueses virgen! Tienes veinte años.

—Soy virgen y no tengo por qué darte explicaciones.

Mónica encendió un cigarrillo y se negó a participar de la absurda discusión que se avecinaba. Marcela, Sandra y Aurora miraban a Gertrudis con cara de susto.

—Mónica, ¿le has dicho a tu hija que esto no es normal?

—Será mejor ser promiscua, Aurora. No fuisteis buen ejemplo en mi vida. Mi madre supongo que sí, pero vosotras no. Tú, querida tía Aurora, la defensora del amor libre, catedrático de medicina, la mujer jefe de servicio más brillante de este país; la defensora de la píldora del día después y de todas las píldoras. Yo no comulgo con tus ruedas de molino, no quiero terminar viviendo en esta especie de asilo prematuro en el que habitáis, no lo haré. Me acostaré con un tío cuando me dé la gana, cuando sienta que me quiere, y él se ocupará de ponerse lo que corresponda o de cortarse lo que deba. A mí no me medica nadie a lo idiota ni me dejaré mutilar, Aurora. Lo vuestro se ha pasado de moda: a mí no me hace sangrar nadie, que sepas eso; estáis fuera de onda, defendéis a los tíos: al final, os follan y vosotras os tomáis la mierda química que ellos mismos fabrican. Y tú, Sandrita, no digas nada: tu función de teatro no va a verla ni una sola mujer de mi edad. Vivís en el pasado, así vivís. Esos gritos que dais pidiendo libertad para terminar encadenadas a lo de siempre. Tus libros, tus obras de teatro, hablan de la prehistoria, Sandra. O cambias de tono o estás terminada como escritora. Vivirás de rentas, eso sí, pero de aquí en adelante nadie se fijará en lo que tú consideras moderno, querida. Y tú, tú, Marcela, querida tía Marcela, adorable tía Marcela, un figurón de la política en este país, primera mujer en ocupar un Ministerio de Defensa; una mujer conservadora que vive con sus amigas las hippies, tú ahora eres frígida. Y te das cuenta así, de repente. De qué coño os han servido tantas conferencias, tanto sexo, para terminar así. Mamá, contigo no va esto. Y no os enfadéis, pero me cansáis, desde niña escucho lo mismo. Y a mí lo único que me ha supuesto es abandono. La liberación de mi madre fue a costa de mi abandono: los mejores colegios, las mejores universidades, lo mejor de todo. Yo quería a mi madre, os quería a vosotras a mi lado, cuando tuve problemas. No estabais, erais el ejemplo a seguir, todas vosotras. Pero el ejemplo siempre estaba lejos de mí, muy lejos. Meriendas sola, comidas con la muchacha de turno; eso sí, os veía mucho en la televisión, hasta me reí cuando te vi subida encima de un tanque, Marcela. Tenías cara de felicidad. Todas pertenecíais al mundo, iconos. Mis amigas me envidiaban y yo envidiaba a mis amigas, a las que tenían madres y familias normales. Bueno, tía Marcela, cuéntanos eso; lograré soportarlo un día más, una vez más.

Cuando en una habitación cuatro seres adultos guardan

silencio frente a una figura joven embutida en un vaquero y una blusa blanca, algo sucede. Cuando el silencio tarda en romperse ante unos ojos azules y un pelo negro cuidadosamente cepillado, algo extraño pasa en el mundo que es una habitación repleta de mujeres.

Mónica tragaba saliva con dificultad; con mucha dificultad, intentaba meter el aire en los pulmones. El silencio lo rompió Marcela que, como buena política, sabía salir de situaciones difíciles.

—Eso podemos discutirlo otro día; puedo organizar una mesa redonda en el Congreso para hablar de esto... Lo de frígida me lo ha llamado Ignacio. Dice que le preocupa mucho. Claro que puede que no sea frígida: se tira encima de mí, me da vueltas de un lado para otro, es como estar en un F18, todo me gira. Lo hace como quien lo hace por un manual: todo, lo hace todo; pero el todo dura 10 minutos, creo recordar... Y ahora quiere que nos vea un terapeuta.

Mónica continuaba mirando al frente, a los balcones; ese sábado debía adoptar la actitud adecuada para no darse por enterada, aludida u ofendida. Aurora empleó un tono profesional:

—Marcela, ese Ignacio es amigo tuyo desde hace años; no sabía que teníais relaciones de ese tipo, sexuales. No nos lo habías contado.

—¡No tengo por qué contaros todo!

—Tía Marcela, siempre lo cuentas todo. Así que sí tenías por qué contarlo, es como una costumbre. Un rito en tu caso...

—¡Cuando nos iban a atacar, aquella vez que la Península estaba en peligro, no lo conté! ¡A nadie!

—Faltaría más que lo contases, Marcela, para eso se jura lo del Consejo de Ministros y, de todas formas, sí lo contaste: Mónica tuvo que pedirte que dejases de hacer insinuaciones sobre eso. Casi te lo rogó, para no tener que publicarlo.

—¿Pones en duda mi capacidad para guardar un secreto, Sandra? Y juré, claro que juré, y no como otros, que prometen... Tú ya me entiendes.

—Te entendemos, y si ahora pronuncias la palabra *rojos* lo mismo que lo has hecho con *Península* y *juramento*, te doy una leche. Tus insinuaciones me están cansando, Marcela.

—Yo no tengo la culpa de tu pasado, hasta lo acepto y te quiero, Sandra. Pero es lo que hay: fuiste del Movimiento Comunista, así que ahora no te arrepientas...

—Si no os molesta volver al tema... Me estaba interesando mucho, tía Marcela.

—Gertrudis, el único tema es lo que he contado. Tengo que ir a un terapeuta.

—Desde ahora mismo me llamas Constanza. Es mi nuevo nombre.

Sandra y Aurora se miraron, no entendían lo del nuevo nombre y Marcela se apresuró a explicarlo para regresar a su problema. No pudieron hablar de ello. Mónica se había puesto en pie y comenzó a cantar. Con voz muy suave, caminaba por el salón cantando. Todas la miraron sin entender. Marcela murmuró:

—Es la guerra... Intenté votar en contra, pero no me dejaron... Si sé esto, voto que no, lo juro. La ha trastornado...

Mónica cantaba:

Te amo, al viento te amo... Si sale cara, dirá que tu amor está muerto... Un hombre sobre ti... Mas yo tiemblo sintiendo tus senos, te odio y te amo, mi mariposa que muere agitando las alas, haciendo el amor en sus brazos... ¿Qué has hecho mientras no estaba? Déjame trabajar... Hay que rogar un poco antes de hacer el amor...

Ante la mirada de pasmo de todas, mientras Aurora acudía al botiquín a buscar un tranquilizante, Mónica cambió de tono y canción, pero continuó cantando.

Vivir contigo es ya inútil... todo sin alegría, sin una lágri-

ma, nada que decirte, ni en el futuro... En tu trampa, también he caído, el amante próximo tiene mi sitio, pobre diablo, qué pena me da...

Marcela pegó un brinco cuando Mónica elevó la voz en la estrofa siguiente.

Cuando te haga el amor te pedirá más y más, se lo darás, porque lo haces así, cómo disimulas, se te hace cómodo y ahora sí quieres y no sufro más y, si nada crees, te lo demostraré y, esta vez, tú lo recordarás. Y ahora desnúdate como ya sabes tú, no te equivoques, no me importas tú. Tú me desearás, bella sin alma...

—Si no te ha dicho nada de esto, Marcela, es un mierda. Es gimnasia. Eso es lo que haces: gimnasia en la cama.

Ella borra las horas de cada reloj... y levanta una torre desde el cielo hasta aquí... la quiero a morir, conoce bien cada guerra, cada herida, cada ser, de la vida y del amor también... me dibuja un paisaje y me lo hace vivir, y me atrapa en un lazo que no aprieta jamás, como un hilo de seda que no quiero morir. Cuando trepo a sus ojos, me enfrento al mar, sólo puedo sentarme, sólo puedo charlar, sólo puedo aceptar ser sólo suyo, la quiero a morir... me cose unas alas y me ayuda a subir a toda prisa...

—El día en que te diga algo similar, hablamos de frigidez. Hasta entonces, a joderse, hermana. Es el precio de la gimnasia sexual: sin sentimientos, es lo que es. ¿Sabes, al menos, por qué te acostaste con él?

—Bueno, sí, Mónica: tenía frío. Estábamos en su casa y me dio un sueño horrible; repasábamos un discurso que teníamos que dar al día siguiente, en un club de mujeres conservadoras. Me entró un frío tremendo, él me tapó con una manta y, cuando me di cuenta, estábamos en la cama. Fue el frío...

—Tía Marcela, es la primera vez que escucho lo del frío; lo de la conferencia en el club conservador ya es la pera. Supongo que ahí no sabrán lo que te provoca el frío: puede que empiecen a ponerte un refrigerador al lado; cuando le gustes a un hombre, lo tiene fácil: pone el aire acondicionado a tope y listo.

Se llenó la casa de risas, las de todas, menos la de Marcela. Aurora dictaminó que Mónica tenía cierta razón, casi entera, y la ex ministra de Defensa quedó convencida de lo innecesario que resultaría su visita al terapeuta. Marcela se fue a jugar al golf pensando en cómo hacer que Ignacio pusiese un poco de sentimentalismo en todo aquello que les estaba sucediendo.

En el club pasó ante una salida de aire acondicionado y se apartó de un salto rápido. Su escolta la miró con extrañeza: él no había visto nada raro. La ex ministra tenía manías extrañas: él lo sabía bien. Castaño era conocedor de las debilidades humanas, los políticos de ahora eran más humanos que los del anterior Régimen. Eso perturbaba el ánimo de Castaño de tal manera, que incluso le provocaba pensamientos revolucionarios. Definido exactamente: golpistas.

El fin de semana pasó rápido. Constanza estaba encantada con su nuevo nombre y su vida en Italia; Mónica paseó con ella y escuchó las palabras de su hija con sonrisas. Decía que la había abandonado. Era difícil de explicar la vida, la suya, la de cualquiera; algún día lo entendería sin necesidad de explicación alguna.

De la impostura y el sexo

Nada me retuvo. Me liberé y me fui.
Hacia placeres que estaban
tanto en la realidad como en mi ser,
a través de la noche iluminada.
Y bebí un vino fuerte, como
sólo los audaces beben el placer.

KONSTANTINOS KAVAFIS
Fui

El lunes, Sandra fue a ver a su agente. Las palabras de Constanza, antes llamada Gertrudis, la preocuparon durante todo el fin de semana; no lo había reconocido, pero la niñata la había machacado. Se habían pasado años luchando por una igualdad que no lo era, sus lectoras estaban abandonándola, las ventas eran menores: eso era cierto. La gente ya no tragaba con las teorías de los sesenta. Empezaría a escribir lo que sentía de verdad, a contar el engaño, eso haría, daba igual lo que opinase su agente. Entró en el edificio con paso rápido y canturreando una canción de Francis Cabrel.

Aurora fumó un cigarrillo antes de entrar en el aula... a escondidas, los tiempos no eran proclives al humo saliendo de la nariz o la boca de una catedrático de medicina. Entró canturreando la canción de Francis Cabrel, la que Mónica había cantado la tarde del sábado. Mónica conservaba buena voz: de aguardiente, ronca, profunda. El humo del tabaco y la vida le habían dado forma. Aún la recordaba cantando con una fantástica guitarra que su padre le había comprado, guitarra que para disimular el precio había sido sometida a diversos procesos de envejecimiento por parte de todas las amigas. La canción de protesta era menos protesta sin una guitarra barata o comprada en el rastro. Mónica cantaba bien, muy bien, aún lo hacía... Cantaba y escribía verdades que siempre le traían problemas.

Marcela entró en el Congreso imbuida de un espíritu guerrero. Caminaba más rápido que de costumbre. Una comisión parlamentaria sobre la necesidad de sentimiento en las relaciones sexuales era impensable. Habría que cambiar el nombre, lo haría. Ignacio era un papanatas que debía leer manuales de sexo y poca poesía, pensaba Marcela. Poesía, eso era, podría utilizar la poesía; su partido se estaba culturizando a marchas forzadas y algo relacionado con el sexo, la cultura y la poesía era probable que colase. Lo intentaría. Esa mañana presidía una comisión de defensa, entró en la sala con paso decidido y a los pocos minutos dio comienzo a la sesión. Sus primeras palabras dejaron desconcertados a los diputados —propios y ajenos:

—La poesía es importante, Señorías; así que dibujemos paisajes que nos hagan ver la belleza, afrontemos el tema atándolo con lazos de seda para hacerlo más agradable; algo así diría Francis Cabrel. Comencemos el día con poesía...

Mónica escribió sus crónicas en casa, no tenía programas de televisión ni radio; horas más tarde comía con el amigo que le enviaba las notas al teléfono. En un restaurante caro; su amigo y muchos hombres creían que las mujeres se dejaban impresionar por un vino francés o un rioja de renombre. Los hombres como el amigo de Mónica no se habían percatado que las mujeres como ella se lo pueden pagar de su pecunio.

—No puedo verte, Mónica, no puedo hacerlo sin pensar en arrancarte los botones de la blusa. No lo entiendes, pero es lo que siento. No puedo evitarlo, lo intento, pero no puedo.

—No me vas a prometer que no pondrás en mi piel delirios; sólo tienes ganas de arrancarme los botones de la blusa. Ya... No me prometes llorar en lugar de reír, si me pierdes... Ni estás dispuesto a dar todo por mí, todo y mucho más.

—No entiendo lo que dices, Mónica.

—No lo digo yo, lo dice Cabrel, Eduardo.

—Da igual quien lo diga. Yo digo lo que te estoy diciendo. No puedo dormir ni trabajar normalmente, no puedo hacer nada: sólo pienso en ti. Por cierto, esta mañana en la redacción me han contado que tu amiga la diputada ha comenzado a hablar de Francis Cabrel y de poesía en la comisión que preside. ¿Es lo mismo?

—El sentimiento está de moda; es una nueva revolución femenina, Eduardo.

—Bien, a mí me interesa lo que te digo, lo que hace semanas, meses que te digo y quiero saber tu respuesta ya. Si no, tendremos que tomar medidas.

Mónica no entendió, no escuchó o no interpretó bien la frase *tomar medidas*, en circunstancias diferentes, no se le habría pasado de largo; Mónica Aguirre era buena amiga de sus amigos y mala enemiga de sus enemigos. Ahora comía con un amigo y no procesó la frase con la debida atención.

Los amigos, en ocasiones, pueden ser los más peligrosos enemigos, pero Mónica era un tanto incauta en ese tema, así que respondió de la forma en que hablaba a los amigos.

—Eduardo, estas cosas no son un juego, siempre terminan mal. Estás casado, tienes hijos, eres un buen padre de familia y no tiene sentido ponerlo en peligro. Tienes que pensar en muchas cosas, incluso en mí: soy una mujer de cuarenta años que no toma la píldora, que hace años que no tiene relaciones con nadie, que me puedo enamorar, que te puedes enamorar, que puedo quedar embarazada, hay que pensar en muchas cosas, Eduardo.

—Yo te hablo de deseo y tú me hablas de realidades. ¿En qué coño te has convertido, Mónica?

—A mí me gustaría que alguien me hablase de amor. A mi edad, con mi vida, si me hablaran de amor, habría caído rendida a los pies de cualquiera, Eduardo. Tú me hablas de deseo y yo te hablo de realidad porque aquí no cabe la palabra amor.

—La guerra te ha vuelto aún más dura, Mónica. Pensé que no podrías ser más fría y me equivoqué.

—Todos habláis de la guerra como si fuese la primera guerra que veis, la primera guerra a la que yo voy, la primera guerra de un mundo que la padece desde que es mundo. Hay guerras cada día, más tremendas y más ocultas que ésta, Eduardo. Nada tiene que ver esa guerra con lo que estoy diciendo. Creo que estás pasando por un mal momento, eso es todo. Y llamarme fría a mí tiene su gracia, sí que la tiene...

—Te deseo.

—Tengo que volver a casa, a trabajar. Me quedan cinco artículos pendientes y dos conferencias por preparar.

—Te acerco, tengo el coche en el aparcamiento.

—No hace falta, no te apures, iré en taxi.

—No es molestia, Mónica, no es molestia.

Bajaron por las escaleras mecánicas. Mónica estaba contenta, se había librado de un problema. Se metió en la boca un caramelo de *La Pajarita*, un caramelo enorme relleno de frambuesa, cuando estaba nerviosa necesitaba azúcar. Los hombres eran raros, cada día le parecían más raros. Caminaban por el pasadizo que daba acceso al aparcamiento, estaba a punto de decir algo, cuando vio cómo Eduardo se giraba hacia ella. Sintió cómo su cabeza chocaba contra el muro del pasadizo; sintió dolor; el cuerpo le quedó pegado al muro. Eduardo la empujaba contra el hormigón y la besaba —eso pensaba él—. El caramelo se le clavó en la encía y sintió más dolor. Los brazos estaban estirados a lo largo de la pared, pegados a su cuerpo, no era capaz de moverlos. No podía moverse. Eduardo se apartó, arregló su corbata y ella escuchó su propia voz:

—Ayúdame, estoy mareada...

—Aquí no puedo. No ha sido para tanto; puede pasar alguien. Vamos.

Mónica caminó en la dirección contraria, subió por las escaleras mecánicas y llegó a la calle. A los diez minutos, un taxi la dejaba en la Plaza de la Cebada. Caminó por la Plaza los Carros hasta llegar a la Plaza de la Paja. La Costania de San Andrés le pareció un camino interminable. Entró en casa temblando. Sandra le hizo una señal con la mano, apenas levantó la cabeza del teclado, escribía de manera frenética, aporreaba el teclado sin tregua.

Mónica devolvió el saludo sin hablar y se encerró en su habitación. Dejó caer la ropa al suelo y se metió bajo el edredón. Tenía frío, mucho frío. No había podido pegarle, no lo había empujado, no había hecho nada.

La otra vez que había sucedido, la otra vez que alguien le había hecho algo semejante, sí se había defendido. Eran cinco, la otra vez habían sido cinco.

Ella tenía nueve años y ellos eran cinco. La habían tirado al suelo, le habían agarrado las manos y los pies, le habían separado las piernas y le habían bajado las bragas. Cinco hijos de puta que se habían marchado llenos de marcas. Cinco cabrones que habían intentado violar a una niña de nueve años; cinco chavales de pueblo que habían huido al escuchar ruidos de gente que se acercaba. Los había mordido, los había arañado, y las bragas quedaron a medio camino, entre sus rodillas. Aquella vez, ponerse de pie le costó trabajo. Se intentaba levantar y no lo conseguía, se puso de rodillas y al tercer intento, lo logró. Se subió las bragas con las dos manos; se alisó el pelo quitando las hierbas que se habían quedado enganchadas en la melena rubia; se pasó una mano por los ojos, que estaban llenos de tierra y polvo, pero sin lágrimas. No pensaba llorar.

Los mataría, eso era lo que pasaba por la cabeza de una niña de nueve años: matarlos.

Cuando llegó a casa, lo primero que escuchó de madre, abuelas y criadas era que no debía contarlo a nadie. Al parecer, ella tenía la culpa, las niñas no jugaban a la guerra con chicos. No la consolaron: sintió culpa y vergüenza.

Aún recordaba el color de las bragas, aún recordaba todo. Y aquella tarde de primavera, la tarde en la que un amigo la arrojó contra una pared en nombre del deseo, Mónica Aguirre lloró en silencio. No se había defendido, ella tenía la culpa. De nuevo, la culpa era suya.

Las voces en el salón, los ruidos de los tacones despertaron a Mónica. Las nueve, el susto provocaba sueño. Se duchó sacudiendo el pelo bajo el agua, mientras pensaba en Eduardo. Muy mal debía de encontrarse para hacer aquello. El alcohol estaba destruyendo una carrera brillante, probablemente, también la cocaína influía en aquel comportamiento. Qué mundo tan asqueroso: coca para olvidar, bebida para no pensar...

El salón parecía un campo de batalla: Sandra, Marcela y Aurora discutían.

—¡No lo pienso devolver, me gusta y me lo quedo! Lo voy a pagar yo; así que *él* se queda.

Mónica Aguirre tardó en entender que *él* era un frigorífico color de rosa; un frigorífico enorme estaba pegado a una de las paredes; Marcela, con los brazos extendidos, parecía protegerlo. Tirada sobre él, se enfrentaba a Sandra y Aurora, que gritaban que no entraba un mueble más en la casa.

—¡Tú trajiste lo que te dio la gana, Sandra! ¡Y tú, lo mismo, Aurora! A mí me ha gustado esto y se queda. Díselo tú, Mónica, que eres más razonable que ellas, díselo.

Horas más tarde, veían la televisión; el frigorífico se quedaba, a todas les hacía gracia el color; Marcela llenaba la casa de trastos inútiles que terminaban en la basura, pero ella disfrutaba comprándolos.

—Esto es increíble, es una degeneración total: salen contando con quién se acuestan y cobran por ello. Son putas, muy putas.

—Tienes razón, Marcela. El otro día vi una entrevista a un tío que mató a su mujer, porque ella se lo hacía con un mono. Nunca pensé que llegaría a ver cosas semejantes.

—¡Eso me da a mí para una novela, Aurora! Tienes que contármelo, es insólito.

—Insólito es todo últimamente; la vida entera lo es, Sandra. Ayer un sujeto mató a su madre porque la mujer pinchó su muñeca hinchable. Saldrá dentro de un rato en las noticias, supongo. El sujeto veía la televisión con la muñeca, películas porno, en el salón de casa, y la madre se cansó. Así que ella pincha la muñeca y él la mata.

—Mónica, eso también tendré que apuntarlo. ¡Es genial!

—A mí la muerte no me parece genial.

—¡Renuévate, Aurora! ¡Los tipos de hoy en día son todos unos chuecos! ¿En qué onda estáis? Y no me hagáis hacer muecas: el Hidramax Plus no me hará efecto si las hago y me ha costado una pasta. Mañana salgo con Ignacio y tengo que poner la piel a punto.

Sandra, Aurora y Mónica miraron a Marcela. Hablaba de una forma extraña. No necesitaron preguntar el motivo, ella lo explicó, si es que puede llamarse explicación a las palabras que salieron de su boca:

—¡Ah! Perdón, no me acordaba que no habláis los mismos idiomas que yo. Esto es chileno. Ahora veo cada tarde, *Machos*. La pasión brutal de siete machos. Es una serie estupenda, me encanta; ver cómo hacen gimnasia en la playa, cómo mienten, cómo engañan. La madre maltratada, engañada por el cabrón del enano de bigote, el marido... Es una telenovela maravillosa, os la recomiendo.

No hubo comentarios, la diputada llamaba idioma a la jerga que empleaba. *Machos*, era difícil de creer que viese aquello, pero una explosión más del nuevo *idioma* de Marcela las convenció a todas de que era una adicta a la serie.

Aurora cortó los desmanes lingüísticos de Marcela. Encendió un cigarrillo y les dijo a sus amigas:

—¿Habéis pensado en lo que nos dijo la niña?

—¿La desagradecida de la antes llamada Gertrudis? No, yo no he pensado nada. Bueno, sí he pensado que puede que le deje menos en mi testamento.

—Hablo en serio, Marcela, hablo totalmente en serio. Yo sí he pensado en ello. Hace años que vivimos juntas, tiene razón en que esto puede terminar siendo un asilo prematuro. Nos hemos comprado una casa magnífica, espaciosa, diseñada al detalle, una casa que pretende ser un mundo feliz, pero no sé yo si hemos acertado. Con la casa sí, con el resto, no lo sé. Esa niña es la heredera de todas nosotras, no sólo del dinero, lo es de nuestras ideas, más bien, debería serlo y ahí fallamos. Ella piensa de una forma diferente y creo que tiene razón. Quisimos ser como John Watson, quisimos dirigir su conducta y la de una generación entera; hemos terminado en este falso mundo feliz. Sustituimos el *soma* por las vitaminas, los televisores de última generación y otras cosas materiales. Al final, no lo hemos hecho bien. Adorábamos a Huxley y casi caemos en lo que él criticaba; precisamente nosotras...

—Yo he pensado lo mismo, Aurora —Sandra estaba triste, estado insólito en ella, y la tristeza se reflejaba en la voz—. Creo que en algo nos equivocamos: hablamos demasiadas veces de ser libres y nunca lo hemos sido del todo, limitamos la libertad, más bien, quisimos prescindir del sentimiento a cambio de libertad y no resulta. Me temo que no ha resultado como pensábamos. Algo falla, sí que falla. Al final, terminamos midiéndonos el culo y las caderas; la ministra ve *Machos* y se embadurna la cara de crema por culpa de un tal Ignacio que se lee un manual y piensa que el cuerpo de una mujer es como un ordenador. Hoy me he pasado la tarde escribiendo sobre eso. Una nueva novela. Piensan que somos un ordenador, eso es. Format c: y todo se ha terminado. No somos máquinas y hemos querido serlo. Así escribí mi primera novela de éxito. Amrita, néctar de dioses. Sólo nos faltó creer que podíamos beber ambrosía. Nos hemos equivocado pensándonos diosas y queriendo ser como los hombres; tanto aborrecimos sus comportamientos y terminamos cayendo en lo mismo que ellos o siendo aún peores.

—Sí. Y ni siquiera tú, Mónica, que eres su madre, le has dicho nada cuando habló de tu marido, que se dedica a explicarle las cosas de una manera que no es cierta. Esa niña no conoce a su padre, ni lo que te hizo, Mónica. Y tú dejas que crea sus cuentos.

—Marcela, mi hija sabe perfectamente quién y cómo es su padre. Para ella, un buen padre. Para mí, un mal compañero. Lo sabe, pero es su padre. No hay nada que decir, nada que explicar, ella lo sabe. No quiere repetirlo en voz alta. Ella sabe que hay cosas que son peores que un bofetón, al menos, más crueles. Un bofetón justifica el abandono a ojos del mundo. La palabra cruel, el desprecio absoluto, el intentar terminar con el aprecio por ti mismo a base de insultos y palabras desabridas es difícil de entender. Mina, poco a poco va minando el cuerpo y el alma. Ella lo sabe, ella sabe qué es lo que ocurrió, Marcela. Claro que lo sabe... Pero eso pasó hace mucho tiempo, ya no importa. Tenemos una estupenda relación, sobre todo por ella. Con su nueva mujer, él es *divino*, Marcela, tú lo definirías así en tu nuevo idioma. Y yo me alegro. Me alegro de que sea feliz y que la haga feliz. Es mejor para todos.

—Es que tú eres muy buena, Mónica, demasiado buena, tanto que pecas de tonta.

No pudo responder Mónica a Marcela, el teléfono de la casa sonaba de manera insistente. Sandra se lo pasó a Mónica.

—Sí, tengo el móvil apagado; no, no estoy muy enfadada.

Creo que necesitas ayuda, eso es todo. Sí, algún día tomaremos un café, sí, un día de éstos. Te dejo, tengo trabajo.

Aurora miraba la cara de Mónica mientras hablaba por teléfono, se estaba quedando sin color, la salud de su amiga era más que delicada y al menor contratiempo personal, se dejaba ver; al menos, ella lo veía. Los nervios jugaban malas pasadas a Mónica. Le preguntó con cara y voz serias:

—¿Qué ha pasado? Y no quiero escuchar que no ha pasado nada, Mónica. Algo te ha pasado con ése. Hace meses que pasa algo con él.

Mónica contó con voz suave y agitada lo sucedido en el pasadizo, lo sucedido aquella tarde. Y, sin darse cuenta, estaba llorando.

—Te ha sucedido otra vez, Mónica. Te ha sucedido de nuevo, lo siento.

—No es necesario que le recuerdes el pasado, Marcela, no es necesario.

Sandra hablaba mientras acariciaba el pelo de Mónica. Aurora tenía pensamientos claramente criminales hacia el mierda del hombre que había arrojado a su amiga contra un muro. El sujeto estaría pensando —totalmente convencido— que aquello era una forma de pasión. El cabronazo habría visto *Siete semanas y media* y pensaría que toda mujer necesita un buen meneo. Sintió la voz de Mónica, sintió cómo su amiga hablaba de que él estaba enfermo, sintió la ira subir por su garganta, sintió el sabor ácido de la ira en la boca, y sintió su propia voz decir: ¡Basta, basta ya, Mónica! Se acercó a la mesa de trabajo, buscó entre los papeles y regresó al salón.

—Toma, esto lo has escrito tú hace tres semanas, Mónica. Léelo, léelo y piensa que estos enfermos, si lo están, que se jodan, que se mueran, pero que no ataquen a los demás, que no les hagan daño. Lee lo que tú misma has escrito hace pocos días, Mónica. Léelo y empápate y entérate y machaca a quien te da motivos para ello. Al final, eres un merengue, en eso se queda tu fuerza: la pena te puede. Ten pena de ti y de las que padecen lo que tú padeces, Mónica.

Y Mónica leyó en voz alta, como si las palabras en alto entrasen mejor que por los ojos. Vista y oído ayudan a ver más claras las cosas. Todos los sentidos ayudan a vivir y comprender:

Este verano, un diario me pidió que escribiese un relato erótico. Un microrrelato. Yo respondí que no sabía hacer eso. No me gustaba hacerlo. En esos días, alguien me había contado —una vez más— una historia de violencias, de violaciones, de golpes. Desde luego, no era el momento más apropiado para ponerse a escribir literatura erótica. Me puse ante la pantalla y las letras fluyeron de las yemas de los dedos. Fluyó un desastre de relato erótico; se supone que lo erótico ha de ser como una fiesta y a mí me salió un funeral. Los funerales por motivos como el descrito en el relato se producen demasiadas veces. Demasiados funerales, demasiadas violaciones, demasiada falta de rigor en la pena. Demasiada complacencia, demasiado ver normal lo que no es más que un crimen. Desconozco a cuántos diputados han violado, golpeado, humillado, asesinado, arrojado contra una pared y les han abierto la boca a la fuerza, les han introducido la lengua y les han mordido los labios. No sé el número de diputados, jueces y policías a los que han bajado los calzoncillos —a la fuerza— en un portal, en un ascensor o en el mismo domicilio conyugal. Desconozco el número de hombres que han sentido cómo la sangre se desliza por sus piernas, después de haberles roto trozos de carne. No sé a cuántos jueces, policías, diputados les han reventado la piel y los músculos de la cara a fuerza de hostias. No sé cuántos se han tenido que atrincherar con sus hijos en una habitación de su casa, o salir en medio de la noche para que no les continúen dando golpes. A cuántos les han arrancado el pelo, a cuántos les han pasado las manos por el pecho sin que ellos quisieran. Creo que pocos de los legisladores, jueces y policías han pasa-

do por esto. De haberlo sufrido intensamente, de haberlo vivido con sangre, la pena, el castigo y las sentencias —al menos, los comentarios que las acompañan— serían otros. Por muy ajustada a derecho que sea una sentencia, comentarios tipo: «Acudió bien vestida y alegre al juicio...», «Vestía falda corta en el momento de la agresión...», están de más. De menos está el que no se recomiende al legislador que cambie la ley para terminar con los abusos de todo tipo que se cometen en la violencia de género. No son abusos de los agresores, terminan siendo abusos sociales, termina siendo casi normal. Termina en insultos a las mujeres que se manifiestan en contra de las leyes, las sentencias y los comportamientos de los poderes del Estado. Las llaman histéricas. El histerismo en los hombres no debe de existir, ellos carecen de útero y esta carencia al parecer los libra de este mal. Los hombres carecen de útero y determinados hombres de un par de cojones para pegar al jefe. Así que pegan a la mujer, a los hijos, a los más indefensos. Otros no pegan, otros se expresan: estás gorda... No quieras comparar tu trabajo con el mío... ¡Qué sabrás tú de esto! ¡Esta comida es una mierda...! El que llama gorda no suele observar el trozo de tripa que le cuelga por encima de la pretina del pantalón, esa tripa prohibida a la mujer. El que habla del trabajo y la comparación suele ser un cretino que sólo insultando sale de la inmensa mediocridad que envuelve su vida. El que le dice a la mujer que la comida es una mierda —la comida que ella hizo al llegar del trabajo a la misma hora que el agresor, mientras él veía la tele— es un zoquete incapaz de freír un huevo. Quien agrede, quien insulta sin motivo, suele ser tan mediocre, tan inepto, que ésa es su única vía de escape: la agresión física o verbal. Todo agresor esconde un impotente mental y físico. Un macho sin machos a los que sujetarse para saber vivir sin violencia. Tipos duros de éstos, que a la primera hostia que les dan, se ponen a gemir como niños, existieron toda la vida. Ahora los obispos españoles ligan directa-

mente la violencia con la liberación sexual. Quedo perpleja ante la afirmación. Yo la analizo hasta la saciedad y no me cuadra. La violencia sexual, la violencia contra niños y mujeres no sé si tendrá mucho que ver con la liberación —femenina, se supone—. Si tiene que ver, los curas de la diócesis de Boston debían de estar de un liberado sexual tremendo: la castidad, el voto, vencidos por el demonio de la liberación sexual. Extraño. Raro. Incoherente. Cierto es que la falta de valores morales de todo signo, que la falta de formación en cualquier tipo de autoestima personal, dignidad, y resto de normas que el derecho natural dicta, tiene malas consecuencias en la sociedad. Los malos tratos existieron siempre, hasta cuando la curia dejaba entrar en las iglesias a los dictadores bajo palio. Las potencias del alma son tres: memoria, entendimiento y voluntad. No pierda la Iglesia la memoria; no pierdan los legisladores y jueces el entendimiento; y no pierda la sociedad la voluntad de oponerse a quien acecha queriendo matar todo valor moral necesario para la libre convivencia en igualdad. Los enemigos del alma son el mundo, el demonio y la carne. Las bajas pasiones están de moda, siempre lo estuvieron. El maltrato es una moda que o pasa o dejará marcada a una generación entera que terminará viendo normal pegar al débil y pensando que un intercambio de fluidos —sexo sin más— es tan normal como chupar un caramelo de fresa. El sexo sentido es algo más que eso. Al final, la libertad sexual no es tal para la mujer que termina convertida en un objeto; la mujer suele salir herida de esos lances de «amor». Al final, el maltrato es para el débil. ¡Auxilio, Yavé, que ha muerto la piedad, se ha ido la verdad de entre los hombres! Mentiras se hablan los unos de los otros, sus labios son de engaño, lenguaje de corazones dobles (Libro de los Salmos: Salmo 12, 3). Y ¿cómo puede amarse la vida, cuando engendra tanta muerte y pestilencia? Y, sin embargo, los hombres la aman y muchos ansían gozar de sus delicias. Kempis.

Mónica terminó de leer y dejó caer las hojas al suelo. Era un buen artículo, sí que lo era.

Lo del empujón no era para tanto, pero era. No volvería a ver a Eduardo, Aurora tenía razón. No volvería a verlo.

De los pensamientos y los dichos a los hechos, hay un abismo. Profundo abismo en ocasiones y Mónica tomó algunos cafés, algunas manzanillas con Eduardo. El resultado final fue que sus amigas escucharon con estupor, varias semanas después, cómo ella jamás volvería a una de las televisiones donde colaboraba: Eduardo la había insultado, le había gritado y, al final, comunicado, que él administraba sus recursos como le daba la gana y, dado que en aquel momento era el director del canal, prescindía de sus servicios.

Una de sus ayudantes fue ascendida de inmediato. Ninguna de las amigas se preguntó el motivo. Todas lo sabían. Era una historia que se repetía día tras día en la historia, en la noche de los tiempos, diría un cursi.

Pero no por cursi la expresión deja de ser menos cierta.

Y la mujer que lo acepta, menos culpable y cómplice que el sinvergüenza que la asciende por tetas y no por méritos.

Sandra caminaba por Madrid. Le gustaba la ciudad, la gente, y su barrio, la Plaza de la Paja, cerca de los mercados, llena de palomas, de artistas; Marcela tenía razón, mucho artista y poco trabajo para tanto supuesto arte. Sandra sonreía al pensar que cualquier barrio de Nueva York o de Londres, cualquier barrio con pretensiones de modernidad y artisteo —en palabras de Marcela— carecía del encanto de Madrid, de aquel Madrid anárquico, lleno de vida; en ese Madrid, había niños jugando a la pelota, corros de niños cantando y las mujeres bajaban a comprar el pan embutidas en sus batas y calzando zapatillas de casa. Era una mezcla extraña y hermosa.

Madrid había muerto hacía unos meses. Por unas horas, Madrid, España entera habían muerto. Y resucitado. Muerte y resurrección el mismo día. Todo un pueblo unido frente al dolor y a la muerte; días duros para todos, días duros para los habitantes del Pozo, Santa Eugenia, Atocha; días duros en un mundo que estaba dejando de serlo como ellas se lo habían imaginado. Días de muerte de los que salieron trabajando codo con codo, dando un ejemplo a países que siempre habían tenido en poco a España.

Ella, tan radical en un tiempo, había ido suavizando sus perfiles, los humanos, los políticos. Al final, muchas cosas eran una gran mentira. Sandra no votaba, no creía en los políticos, no creía en nada. La fuerza de la palabra, la fuerza de las letras cosidas entre sí era lo único en que Sandra Montoro creía; en eso y en sus amigas.

Recordó cómo se habían conocido; cómo, siendo tan distintas, terminaron unidas en lo que la niña había llamado un asilo prematuro. Se habían reunido cuatro almas jóvenes y heridas, pensando que así estarían más seguras. Se conocían desde la universidad, coincidían en conferencias, reuniones de estudiantes y, en un momento, coincidieron insultando a Marcela.

Mónica era amiga de Marcela desde la niñez, pero aun así la insultó el día en que la ex ministra daba una conferencia que terminó en mitin; después de gritos e insultos se fueron a tomar un café las cuatro y desde ese día no habían vuelto a separarse sus caminos.

Marcela era buena, escondía la bondad bajo un manto de dureza y de idiotez que no existía: ni era dura ni era idiota, pero sabía que en su mundo, en la política, era una buena forma de sobrevivir y había logrado lo que ninguna mujer antes consiguió en la historia. El precio fue la falta de familia, de marido e hijos. Ahora intentaba recuperar el tiempo perdido.

Recordó cómo habían visitado docenas de casas, cómo se enamoraron de la que ahora era suya, cómo la habían decorado con espacios comunes, con espacios privados, llena de objetos personales, llena de recuerdos de vidas anteriores, que se agolpaban en la memoria y las habitaciones de la casa. Recordó su primer éxito literario, y recordando llegó a Mancebos y de ahí a la Plaza, a su Plaza de la Paja. En casa estaban todas las habitantes habituales y Anne Louis.

Sandra pensó en ella como la protagonista de una novela. Era tremendamente independiente, con una dosis de locura rayana en la inconsciencia. Sandra siempre terminaba pensando en la novela, no podía evitarlo.

La chimenea estaba encendida. Mónica tenía frío. Esos días lo hacía: tiempo de primavera, tiempo revuelto; vientos de guerra y tiempo airado...

—Llegas tarde, Sandra. No has participado en poner la mesa. Y Chulin no ha venido.

—¡Juan! ¡Juan Micó! Se llama así, Marcela. Lo llamas Chulin hasta en su cara y el día menos pensado se cansará y nos dejará.

—Aurora, me da igual cómo se llame; es absolutamente excéntrico tener un criado y no una criada. En mi casa era diferente, claro está; los ayudantes son otra cosa; el día menos pensado saldremos en los periódicos: yo saldré, me denunciarán. Tenemos trabajando a un ilegal en nuestra casa y eso no me lo perdonaría la opinión pública.

—Pues arréglalo, querida.

Anne Louis demostraba cierto desprecio cuando llamaba querida a Marcela. A ella, Juan Micó le parecía un regalo de los dioses: era ordenado, culto, bueno con ellas y Marcela hablaba de él como si fuese un problema.

—Estamos en ello, Lu, en ello estamos; pero Marcela dice que no puede hacer nada más de lo que hace. Yo creo que sí podría, pero no quiere. Le tiene manía a Juan.

Aurora miraba a Marcela esperando una respuesta que podía ser realmente graciosa si se disparaba en una de sus peroratas. Una voz masculina interrumpió la conversación:

—Señorita Aurora, no se preocupe; entiendo la manifiesta dificultad de doña Marcela para los idiomas, aunque sea el castellano: es por mi acento. Y ahora mucho más: la señora ve *Machos* y aprende chileno. Hay que entender que las mentes dan para lo que dan, señoritas. Y a doña Marcela le gusta llamarme Chulin, en recuerdo de alguien a quien admira: Ángela Chaning. Le gusta *Falcon Crest*, tiene la serie completa en vídeo. Y a este humilde servidor no le importa, está en esta casa para servir, no para juzgar. No volveré a retrasarme. Estaba intentando arreglar mis papeles. En este país tan inflexible, tan incorrupto, hay que seguir todas las reglas. De nada sirve vivir con una ex ministra y haber nacido en una antigua colonia española, honorables señoras... Ser negro no me impide tomar actitudes orientales, queridas señoras mías.

—¡Deja de hablar como un actor de televisión! No nos llames honorables con ese tono. ¡Tú y yo nos conocemos, opositor! ¡Y de vivir conmigo, nada!

—Perdone la señora, no volverá a suceder. Con su permiso, me retiro a la cocina a hacer las funciones propias de mi cargo. Y sí, yo conozco bien a la señora. Sus aficiones, sus gustos... Con permiso, queridas damas, regresaré ahora mismo con las viandas...

Marcela comenzó a despotricar en contra de Micó y Mónica —que lo había llevado a casa un mal día, según Marcela—. Anne Louis comunicó su deseo de irse a vivir con ellas; cuestión que interrumpió los gritos de Marcela contra Juan.

—No puedes, tenemos las habitaciones justas, más la de la antes llamada Gertrudis, y ésa es sagrada; a no ser, claro, que quieras dormir con el opositor comunista, Anne...

—Querida Marcela, era una broma, una broma. Y, desde hace tiempo, creo que a ti te vendría bien eso, *darling*.

—¿Qué me vendría bien?

—Dormir con Micó. Vuestras relaciones son absolutamente tormentosas, tú le gustas mucho, Marcela. Hazme caso. Es guapo, culto y tiene un cuerpo alucinante. Podrías intercambiar fluidos y pensamientos, Marcela. Esas cosas enriquecen.

Antes de que Marcela saltase sobre Anne Louis, Mónica se adelantó intentando parar la pelea.

—Juan no es comunista, Marcela; no lo es. ¿Y qué, si lo fuese? Y me parece poco correcto cómo lo tratas; es un hombre de 39 años, con la vida destrozada: se pasó dos años en Black Beach. Esa cárcel es un infierno, Marcela. Yo la conozco y lo es. No quiero escuchar que algo haría: tener un padre que se opuso a Obiang, ése es su pecado. Un padre muy rico, Marcela, que se opuso a los negocios de ese dictador. Ése es el pecado de Juan Micó: ser hijo de un hombre honesto. Y jamás te has molestado en hablar con él; ni siquiera sabes a qué se dedica o dedicaba.

—A fregar; a limpiar en las casas, supongo, Mónica. Qué cosas tienes.

—Es físico nuclear, Marcela. Doctor por Oxford. Y, posiblemente, uno de los hombres más ricos de Guinea; lo era, al menos. No me hagas pensar que para ti todos los negros son vendedores de top manta, por favor.

Marcela abrió los ojos y Aurora le gritó:

—¡Quita esa cara de vaca asustada, anda! Vamos a comer. No se puede juzgar de esa manera, Marcelita. Hay que escuchar un poco al pueblo.

Juan Micó servía la mesa y una patata cocida se escurrió de la fuente. Cuando se disponía a recoger la patata, escuchó una voz que parecía venir de otro mundo: era imposible que la voz dijese lo que él escuchaba.

—Doctor Micó, no se moleste, yo misma la recogeré, no se moleste.

Juan Micó miró a Marcela y le sonrió mientras decía:

—Ahora le pondré el café en el salón, señora. En unos minutos, comienza el *Superagente 86*, sé que le gusta, he visto cómo se ríe con su amigo cuando lo ve.

Los ojos de Micó estaban clavados en los de Marcela. La ministra tenía una mirada preciosa, pensaba Micó. Lástima que fuese tan bruta. Pero las cosas pueden cambiarse, volvió a pensar el supuesto esclavo africano.

Esa tarde ninguna tenía ganas de trabajar y se hacían las remolonas frente al inmenso televisor que una tarde, y a escondidas, Marcela había llevado a la casa. Mónica atizaba el fuego y Marcela espiaba el ir y venir de Micó. Si notaba que él la miraba, desviaba la vista de inmediato. Sí que era guapo, sí que lo era. Y el cuerpo impresionante, sin nada de grasa. Ignacio tenía una tripa tremenda y se permitía recomendarle a ella tablas de gimnasia. Estaba empezando a no gustarle tanto Ignacio.

Sandra repasaba unas notas de su novela, sentada en un butacón, con los pies embutidos en unos escarpines negros, una cabeza de rana era el remate del calzado. Adoraba las ranas, podían ir saltando a cualquier sitio. Ser pájaro era bueno, pero las ranas saltaban y nadaban, era mejor ser rana. Movió la cabeza intentando quitar la imagen de una rana con su propia cara. La imaginación, su imaginación, le creaba un montón de problemas. La vida de Sandra no había sido fácil, la imaginación la había salvado de muchas cosas, gracias a ella lograba sobrevivir.

Cerró el cuaderno de notas y se recostó en la butaca. Medio dormida recordó sus comienzos como escritora. Con una licenciatura y un doctorado en filología, intentaba encontrar trabajo, mientras ayudaba a su marido en sus estudios; estudios que parecían eternos, nunca lograba terminarlos. Demasiadas juergas, demasiadas reuniones políticas que ni siquiera eran eso. Sandra decía que eran excusas para vivir en el pasado y no dar golpe. Se había ido de casa sin volver la vista atrás, se había ido a malvivir en una buhardilla cercana al piso que ahora habitaba. Sin ascensor, sin calefacción y negándose a pedir ayuda ni a su padre ni a sus suegros.

Pensó en sus comienzos, en los comienzos como juntaletras.

Sandra publicaba en una editorial de poca monta y lograba subsistir. Su ex marido le pagaba una pensión ridícula en aquel momento, pero entre la pensión miserable, los derechos de autor y haciendo de negra para tres escritores de fama, Sandra lograba llevar una existencia medianamente cómoda.

Se había liado —ella lo llamaba «enamorado»— con uno de los autores para los que negreaba. Un hombre sin escrúpulos, desde luego. Cualquiera que utilice a otro para escribir sus textos es un miserable. Si el sujeto en cuestión es un ministro o presidente de un gobierno es más miserable aún, pero éste no es el tema.

Alguien menos cándido que Sandra lo habría visto, pero Sandra no. Ni lo intuyó. Cualquiera sabe que un sinónimo de cándido puede ser simple o necio. No es necesario hacer más apuntes al respecto por pura benevolencia hacia la protagonista de la historia. La indulgencia es egoísta. No juzgar para no ser juzgado.

Escrúpulos, no tenía el sujeto cuando permitía que alguien se pasase noches enteras escribiendo lo que luego él firmaba. Sandra creyó en *la sequía temporal que araña mi inspiración*. La sequía hacía años que duraba.

Lo mismo que se dejó embaucar con un cuento tan tonto, Sandra se enamoró del seco escritor. Cuatro días de vino y rosas dejaron paso a 24 meses de tira y afloja entre Sandra y el agostado y marchito prosista. Todo por una bobada —a ojos del ilustre laureado con sillón en la academia—: una esposa que derrochaba sonrisas en los salones más rancios; una esposa que pasaba vacaciones en el Algarve a costa de lo que

Sandra escribía para el adúltero. Eso, la esposa, no era detalle importante a ojos del autor consagrado, pero seco.

A Sandra, en cambio, le parecía importante y preocupante. Llegó el académico a la conclusión de que lo mejor sería estar a bien con Sandra y, una tarde en la que ella se mostraba más dura que nunca respecto al adulterio consentido, el hombre habló:

—Creo que el sexo nos afecta, Sandra. Creo que no nos hace bien. A ti te hace perder los papeles, te desquicia.

Sandra dejaba escapar unos aros de humo entre los labios y no prestó atención excesiva al comentario. Continuó dando los últimos toques a un manuscrito que el consagrado autor había prometido a sus editores un mes antes. Pero el hombre insistió:

—Es mejor que seamos amigos, Sandra. Demos la vuelta a esta relación, seamos amigos y dejemos el sexo a un lado; el sexo no es tan importante.

—Para mí, sí; pensé que perder el control era bueno en el sexo, que te gustaba que ocurriese; a mí me gusta el sexo. No sé a qué viene este comentario, no lo entiendo. Yo quiero sexo; yo lo quiero todo.

El hombre respiró profundo y se pidió paciencia para no comenzar a insultar a Sandra; estaba cansado de aquella niñata que sólo le traía problemas; que se empeñaba en darle lecciones de moralidad y en casarse con él; pero Sandra había escrito sus dos últimas novelas y aquella tarde le entregaría un disquete con una nueva; no quería perderla. Como negra, era buena, y se encontraban pocos de esa especie últimamente.

Mientras Sandra pasaba páginas lentamente y leía en la pantalla del ordenador, el hombre volvió a repetir una y otra vez la palabra amistad y sexo. Sandra sintió cómo se le entrecerraban los ojos. Sintió cómo un sabor ácido subía a su boca desde el estómago y, cansada de todo, dio media vuelta y se encaró al hombre.

—Amigos. Bien, amigos. Si me pongo enferma, si un día me pongo enferma, ¿podré llamarte a tu casa y pedirte que me acompañes a un hospital?

—¡No! ¡Por supuesto que no! ¡Lo más sensato será que llames al 091, a emergencias, eso es lo sensato! ¡No tienes por qué llamarme a mí, Sandra!

Sandra regresó al estado de lucidez que dos años antes había perdido. Volvió la cara hacia el ordenador. Sonrió y le dijo al hombre:

—Mira…

Y él miró y vio cómo Sandra escribía format+C y vio cómo el manuscrito quedaba relegado a cifras y números y letras que desbocadamente fueron pasando por la pantalla. El disco duro del ordenador se borró y con él, la expresión de bondad estúpida que el hombre había estado poniendo durante toda la tarde.

Ese día, el día en que el hombre salió de la buhardilla de Sandra dando bramidos, la tarde en que la vida de Sandra tembló, esa misma tarde, Sandra comenzó a labrarse el mejor porvenir que nunca podría haber imaginado.

Cuando la sonrisa de Cruela de Ville dejó paso al llanto amargo, tipo heroína de Atlanta desposeída de plantaciones por un negro que había sido esclavo de su padre, Sandra llamó a Mónica Aguirre. Respondió Marcela y le contó lo sucedido. Entre hipidos y mocos de diversos tonos —sonoros—, Marcela escuchó la historia, resignada a la suerte de ser amiga del desastre de Sandra. A la media hora, Marcela estaba sentada frente a Sandra tendiéndole un rollo de papel higiénico para los lagrimones y los mocos. Y media hora más tarde —cansada de escuchar—, Marcela sirvió unos vasos de vodka.

Mientras lo bebía de un solo trago, Sandra musitó:

—¡Sólo fui un objeto sexual! ¡Sólo fui un *cachocarne* para él!

—Afortunada tú, Sandrita. A mí, esas cosas no me ocurren. A los veintinueve años, te has casado, divorciado y tenías un amante que te arrastraba a una cama. A mí nunca me pasaron esas cosas. Nunca me dijo un tío: *¿Quién te puso ahí, nena?* Así que afortunada tú.

Ante la llantina de Sandra, Marcela quiso ponerle humor al asunto y mientras se servía un nuevo lingotazo de vodka, dijo en tono serio:

—Si lo piensas, el detalle de llamar al 091 no estuvo mal. Imagínate en la butaca de un cine viéndolo; imagínate esa escena. La pobre chica preguntando con voz candorosa y el tío respondiendo: «*llama al 091, guapa*». ¡Sería mortal! De risa, la gente no pararía de reír, Sandra.

Transcurridos cuatro meses de aquella conversación, Sandra Montoro entregaba un manuscrito a un editor que el académico que utilizaba negros le había presentado. Su novela fue un éxito, *su* novela, aquella novela en la que se dejó llevar por la rabia, la novela que jamás había querido terminar por miedo, amor y deseo, la novela que contaba parte de su vida, barrió en todo el país y fuera de España. Sandra se convirtió en un icono para miles de personas.

El día en que Marcela llegó a consolarla, resoplando, sudorosa, Sandra supo que Marcela era una gran persona, comprendió por qué alguien tan diferente a Mónica era su mejor amiga.

La tarde trascurrió en calma, entre pensamientos de Sandra, que acarició la cabeza de Marcela con dulzura, sin que la ex ministra lo entendiese y reaccionase apartándose y diciéndole a Sandra:

—¡Eh! ¡Las manos quietas, quietas! ¡Que vivir, viviré entre el artisteo, pero no me he vuelto aun bisexual! ¡No me gustan estas demostraciones de afecto, Sandrita, ya lo sabes!

Y Sandra no riñó ni mostró extrañeza, tan sólo sonrió a Marcela.

Desde el día en que la antes llamada Gertrudis y ahora

Constanza había dicho en voz alta lo que pensaba de ellas, algo estaba cambiando y esa misma tarde se dejó notar.

—Doctor Micó, no sé si sabrá que yo he estudiado física nuclear, bueno, que soy doctor en física nuclear, doctor Micó. Así que si algún día quiere que charlemos, me agradaría infinitamente. En esta casa, todas son de letras y mi cerebro añora un poco de charla científica.

—Yo soy de ciencias, Marcela...

—¡Tú no cuentas! ¡Eres médico, Aurora! Hablaba con el doctor Micó.

—Señorita Marcela, estaré encantado de hablar de lo que usted quiera y cuando lo desee. Por supuesto, sé que es usted físico; antes le he dicho que yo sé todo, o casi todo sobre usted.

—No es necesario que me llamé usted señorita, doctor Micó. Entre colegas, no es necesario. Por favor, llámeme Marcela, se lo ruego...

Y entre palabra y frase tipo siglo XIX por parte de Marcela, entre mirada de risa entre Aurora, Mónica y Sandra, la conversación transcurrió por esos derroteros hasta que Juan Micó apareció de nuevo en el salón, vestido con un tejano muy ajustado y una camiseta negra en la que podía leerse BLACK POWER.

La siguiente aparición no dejó paso a ninguna palabra: la mudez más absoluta atacó a Mónica, Aurora y Sandra, como si de un virus mutante y asesino se tratase.

Marcela Orellana salió de su cuarto vestida con una extraña blusa de colores, de muchos y chillones colores, tres enormes collares colgaban de su cuello y un pañuelo más colorido aún hacía de diadema a su cabeza. El pantalón era el remate: de camuflaje, uno de los que Mónica utilizaba los días en que caminaba por el desierto o la selva. Y dos tallas menores a la que necesitaba Marcela.

Se despidieron la ex ministra y el, hasta entonces, *sólo*

criado a ojos de ella, y estallaron las risas en el salón. Seis piernas corrieron hasta los balcones y vieron cómo Marcela y Juan charlaban animadamente, cómo ella contoneaba las caderas —cosa insólita— y cómo Juan le apartaba una guedeja de cabello a Marcela —vulgarmente llamado mechón o trozo de pelo, pero Marcela lo habría denominado así y más aquella tarde.

Castaño movía la cabeza de un lado a otro: la degeneración total; eso era. Él siempre había considerado a la señorita Orellana una mujer de orden. Ahora caminaba como una zulú, acompañada por un negro. El país iba derecho al abismo.

Siempre según Castaño, por supuesto.

Anne Louis se disponía a subir en su moto, en el momento en que Juan y Marcela bajaban en dirección a la calle Segovia. Los siguió con la mirada y buscó su teléfono móvil.

—¿Marcela, de qué se ha disfrazado, Monique?

—Creo que piensa que así visten en Guinea, Lu.

—Seguro que tenéis algo que contarme, después pasaré a veros. Cuelgo y corto, *darling*.

Aquella tarde no fue la única en la que todas tuvieron qué contar y qué escuchar. Pasaron varias tardes, noches y mañanas viendo, contando y escuchando. En menos de un mes, las conversaciones de Marcela y Juan transcurrieron en los escenarios más diversos: conferencias, teatros, conciertos y a la par que conversaba, Marcela perdía kilos de manera misteriosa. No se entafarraba la cara con cremas tan a menudo, pero su cutis tenía un fulgor especial, los ojos le brillaban…

Hasta que una noche se desencadenó la tormenta.

Juan dejó una hoja de papel sobre la cama de Marcela y se retiró a su cuarto. Marcela leyó el folio y se sonrojó, segundos después la poseyó la furia y dejó caer el papel en su camino hacia la mesa de trabajo. Encendió el ordenador y se puso a escribir sin descanso.

Cuando Marcela salía disparada de su habitación, Aurora regresaba a casa; recogió el papel, lo leyó y, sin pensarlo, entró en la habitación de Mónica. Le hizo un gesto con un dedo sobre los labios, Mónica leyó el papel que le extendía Aurora, mientras ésta llamaba por el móvil a Sandra, que acudió de inmediato.

Si veo al saltamontes a la luz de las velas, pienso en ti.

Si veo a la polilla caminar por la cama vacía, pienso en ti.

Si la luna brilla por la ventana, pienso en ti. Y me ahogo al ver la luna llena, me recuerda lo vacía que está mi vida. Si camino desnudo a la luz de las velas, me veo en el espejo, quitándote las horquillas del pelo, acariciando tu piel.

Y veo fuego en las nubes y te llamo a gritos por entre los trozos de niebla y te arranco pedazos de piel.

Me queda en las uñas, pegada. Y un trozo de lengua se va hacia el cristal.

Y lamo la luna fría, la beso y araño con los dientes de nuevo el cristal.

Me enseñaste que no hay límites y ahora estoy solo, sin límites y solo.

Y me meto debajo de la almohada, y pienso tu mano entre mi pelo y tu boca entre los pliegues de mi piel.

Para la mujer que deseo y amo...

Juan

—Lo suyo no es la poesía, creo yo.

—Sandra, puede que sea un poema guineano, no sé... De todas formas, es tremendo: piel bajo las uñas. ¡Caramba con Juan!

Mónica estaba encantada; era casi como de Cabrel. A ella no le habían dicho jamás una cosa así.

—Da igual lo que sea, yo tengo envidia, desde luego...

Aurora era presa del mismo estado que Mónica; pensaba que jamás nadie le había dicho algo similar.

—Ella está escribiendo en el ordenador.

Sandra hablaba bajito, como en las películas de espías; si la antes llamada Gertrudis hubiese contemplado el espectáculo, empezaría a dudar de la frialdad de su madre y amigas. De una cosa habría estado segura: eran unas desequilibradas inmaduras.

Espiaron desde la puerta y vieron cómo Marcela, puesta en pie, esperaba a que la impresora terminase su trabajo. Cogió el folio y se fue directa a la cocina, cerca dormía Micó. Metió la hoja de papel bajo la puerta, dio dos toques en la madera con la mano y caminó hacia su cuarto.

En la huida, a poco se da con sus amigas que habían comenzado a salir de la habitación para fisgar lo que hacía Marcela. Tuvieron que regresar precipitadamente al interior del cuarto de Mónica.

Respirando agitadamente, de nuevo intentaron salir pasados unos minutos, y de nuevo tuvieron que regresar precipitadamente: Juan Micó avanzaba hacia el cuarto de Marcela. En calzoncillos y con paso resuelto. Vieron cómo entraba sin llamar, casi arrancando la manilla. Escucharon la voz de Micó.

—Tú lo has querido, Marcela...

Y, cuando prestas en acudir en ayuda de la amiga supuestamente en apuros, se asomaron a la puerta del cuarto, escucharon la voz de la ex ministra.

—Sí. ¡Y has tardado! Has tardado mucho, Micó

Recularon sin hacer ruido hacia el salón, molestia inútil, puesto que Marcela y Micó emitían sonidos y golpearon los muebles hasta encontrar la cama, con tal ímpetu, que les habría impedido escuchar ningún sonido más que los propios.

La pantalla del ordenador de Marcela estaba encendida y el word abierto.

—No creo que sea violar ningún secreto, lo ha dejado así; no creo que hagamos mal en leerlo...

Mónica no tuvo que repetirlo: Aurora y Sandra la acompañaron en la lectura de un documento que, aquella vez, no contenía ningún secreto, al menos de Estado.

Paseaba entre naranjos. Miraba los limoneros. Cada día salía a la huerta y llenaba los ojos de colores. Al terminar el paseo, regresaba a la reja. Allí, asomaba la cabeza a cada rato. Miraba a un lado. Torcía el gesto y regresaba a la labor. Punto ojal, palestrina, festón, richelieu, punto de cruz, vainica. En ocasiones, movía las manos de forma nerviosa y el paño de crochet crecía sin control. Miraba al aparato de música con odio, Diego El Cigala y Bebo Valdés la hacían recordar la queja.

—¡Ay!

—¿Qué ocurre, prenda?

Nunca lo veía venir. Jamás sentía sus pasos por la cajella. Ni de noche ni en la madrugada ni en el día. Y, cuando sentía la voz, cuando sentía el aliento pegado a la reja, sonreía, tiraba la labor al suelo y asomaba las pestañas y la punta de una mano entre los geranios.

Sí. No. Eso. Hoy se han dado mal las liebres. Había perdices…

Hablaba poco. Cuando ella esperaba que él le dijese una palabra más amable de lo habitual, volvía a marcharse. Y tardaba en regresar. Y nunca sabía, ella, cuándo volvería.

Regresaba a la rutina, malhumorada, con la mirada llena de miedo. Cuando él estaba en la reja, el miedo desaparecía. No estaba. Debía venir con él para quedarse. Cuando él estaba, el miedo volaba a los aleros y aguardaba la marcha de él, del hombre, del cazador de lengua parca.

Notaba que el corazón sonaba en la cabeza, en los oídos, cuando él, el hombre casi silente, parecía dejar asomar una palabra a su boca. Cuando se iba, su corazón parecía pararse.

Una tarde, el hombre fumaba y le contaba cosas del campo. Ella sacó la mano por la reja hasta sentir el frío de la ca-

lle. Y el hombre extendió la suya. Se tocaron las yemas de los dedos y ella dejó salir un suspiro, una queja.

—¡Ay!

—¿Qué pasa, prenda?

Y ella volvió a retirar la mano, volvió a la labor, dejando escapar una lágrima y otra. Bordando con lágrimas pasó la vida. Incrustando lágrimas en bolillos, en encajes. Un cazador que se precie, cuando escucha el gemido, la queja, ese ¡ay! que sale del pecho, arranca la reja.

Para el amante de la queja.

Marcela

—¡Coño, con Marcela! ¡Y decía que yo era lanzada, que me insinuaba!

—En ti es normal, Sandra; lo de Marcela roza lo insólito.

—No, Mónica, no se llama insólito: se llama hormonas. Y francamente, Micó ha alterado las mías esta noche. ¿Os habéis fijado en las piernas?

—Yo, en el culo, Aurora.

Sandra dejaba escapar una sonrisa al pronunciar *culo* de forma contundente

—Yo, en los ojos.

Mónica —para no variar— pronunciaba *ojos* con tristeza.

Un mes después de la noche de autos, Marcela Orellana y Juan Micó abandonaban la casa y se instalaban en un apartamento en el edificio de Anne Louis, en la misma Plaza de la Paja a la que Marcela parecía haber tomado cariño. Marcela se negó a venderles su parte de la casa.

—Algún día volveré. Cuando Juan se muera, no querré vivir sola. Siempre os lo he dicho: volveremos a estar juntas.

Y Juan la miraba con una dulzura que hizo a Sandra olvidarse de su culo y a Aurora, de sus muslos, y recordar a Mónica el valor de las miradas.

Sueña el que afana y pretende...

Mañana, cuando hombre y mujer se enfrenten a la resurrección,
por sus hechos la cara pálida habrán de temor.
Yo, tu amor, enseñaré en la palma de mis manos
Y diré que en mis haberes se cuente con este amor.

YALAL UD-DIN RUMI
Rubayat

Pasó el verano en un suspiro; como casi todos los veranos cuando se tienen más de veinte años; pasaron las tardes de playa y los paseos; pasaron los helados de turrón consumidos a lametazos despreocupados, sin acordarse de kilos de más ni tallas, y volvió todo a la anormalidad manifiesta que es la vida decadente del día a día.

En el caso de nuestras protagonistas, era día a día, pero dudo que decadente. No se me ocurre adjetivo que aplicar al caso y, de haberlo, no lo haría.

Una vez más, por misericordia.

Por supuesto, Marcela no se fue, no del todo. Cada día recorría la casa diciendo a sus amigas que el orden faltaba, no estando ella presente.

La ex ministra, la diputada conservadora, comenzó a ver reales problemas que, hasta entonces, para ella tan sólo eran supuestos. Los inmigrantes pasaban por su despacho en el Congreso, ante la preocupación de sus compañeros de partido. Nadie se atrevía a señalarle que aquello no era muy acorde con la política del grupo: Marcela era mucha Marcela y todos temían su lengua y el conocimiento de deslices por parte de sus señorías. Si Marcela hablaba, muchos de ellos no volverían a ser diputados; tendrían que regresar a un puesto de trabajo en que deberían rendir cuentas, en el que no cobrarían la cantidad que ahora cobraban por pasearse en países exóticos y pasillos alfombrados.

Los padres de la patria no eran tan temerosos de Dios como de la pérdida de su pecunio.

Del miedo —casi siempre— nace el silencio…

A la hora de la cena, Marcela aparecía con una disculpa absurda. Entraba en la casa acompañada de Juan Micó y cenaban todos juntos; la comuna ahora contaba con un hombre.

—Mónica, me ha llamado tu médico. No has ido en la fecha que te habían señalado.

—Ya…

—¿Qué médico? ¿Su médico?

—Sí, Marcela. No me vuelvas loca con preguntas. Mi médico. No. No he ido. No pude.

—Tiempo sí has tenido. Y miedo. Tienes miedo, Mónica. Y no hay motivo. Mañana, a las nueve, yo iré contigo. Mi clase la dará un ayudante. Lo he organizado todo. Iremos mañana.

—Iremos todas. Y tú vendrás con nosotras, Juan.

Juan Micó asintió.

—No quiero ir. No tengo nada y no tengo que ir a ningún sitio.

—Bueno, irás, da igual. Y no tienes nada, eso es cierto, pero las revisiones son sagradas.

Mónica dejó la servilleta sobre la mesa, agarró una chaqueta de lana del perchero y bajó corriendo las escaleras. Claro que tenía miedo. Un miedo de muerte, un miedo atenazante que no lograba quitar de su cabeza. Entró en *El Viajero*.

Pidió un vodka con naranja y se vio reflejada en un espejo. Estaba pálida, ojerosa. El miedo. Hacía seis años. Un día comentó con Aurora que notaba un bulto en un pecho; lo comentó de pasada, sin preocupación. Aurora la examinó y su cara no decía nada bueno. Dos semanas después, le habían quitado el pecho; diez días más tarde, se había encerrado en el baño del hospital con unas tijeras y una cuchilla de afeitar. Se cortó el pelo frente al espejo, poco a poco, viéndolo caer, acariciándolo. Le costaba trabajo, le dolía el pecho, el lugar en donde antes estaba el pecho. Pero continuó hasta que las tijeras ya no podían cortar. Pasó la cuchilla y se miró: los ojos brillaban y una sonrisa apareció en sus labios:

—Te han pillado a tiempo, cabrón... Te han pillado a tiempo. No podrás conmigo. Ni el pelo podrás quitarme; me he adelantado en todo...

Soportó la quimioterapia con risas; la risoterapia fue una buena medicina. Sus amigas, su hija. Todos contra el monstruo. Y cuando se reconstruyó el pecho, cuando pasó todo, la vida le pareció diferente.

Sólo le había dado miedo morirse por un motivo: morir sin sentirse querida; querida como en las novelas de Sandra, como en las películas. Morirse sin haber sentido esa mirada silente, esa mirada que taladra y mete las palabras en el cerebro sin necesidad de abrir los labios, sin moverlos.

Y ahora, si tenía que morirse, prefería hacerlo en un campo de batalla, era más digno. No encontraría nunca lo que buscaba. Nunca nadie la miraría como ella deseaba.

—¿Me das fuego, por favor?

Un hombre con un cigarrillo en la mano se dirigía a ella. Detrás estaba una pareja y a su lado, nadie; el camarero estaba al otro extremo de la barra, así que era a ella. Mónica se quedó mirando al hombre. Era joven, con el pelo ondulado. Un jersey de cuello vuelto y unas gafas que apenas se veían. El hombre la miraba; la miraba a los ojos y no apartaba los suyos, ni siquiera pestañeaba. El mechero cayó de la barra al suelo; Mónica casi cae del taburete al intentar detener la caída y sintió cómo empezaba a ponerse enferma. Estaba haciendo el ridículo. El hombre recogió el mechero, encendió el cigarrillo, dio las gracias y continuó tomando su copa sin mirar a Mónica.

—¿Vives cerca de aquí?

Mónica tomó un trago de su vaso. Era el miedo, el miedo a la revisión la había vuelto loca. Se escuchó a sí misma hacer la pregunta y en el acto quiso desaparecer. Patético. Ella ligando —intentándolo— en una barra de bar.

—Sí.

—¿Desde hace mucho?

El miedo tenía la lengua desatada, el miedo hablaba por ella y no había forma de pararlo; al parecer, el miedo se estaba independizando.

—No, desde hace unos días.

—Yo desde hace diez años. Más o menos.

—Bien.

—Sí, es un barrio estupendo; no parece Madrid. La gente te habla por la calle; sales y te saludan. Es un buen barrio. ¿Eres artista?

—No, filólogo.

—Yo también, pero no me dedico a eso. No soy filólogo exactamente, yo derivé a otras cosas. Pero soy filóloga como tú.

—Me alegro, es una buena profesión.

—Yo... Bueno, yo no quiero ligar ni nada de eso, perdóname; estoy pasando un momento difícil, es eso. Miedo. Me ha dado un ataque de miedo y por eso estoy aquí. Me fui de casa. Los dejé a todos en la mesa y me fui a pasear. Quiero decir que no hago esto normalmente. Ya me entiendes.

—¿El beber sola o el escaparte? Y claro que es normal lo que te sucede. Cada día encuentro mujeres en la barra de un bar que se escapan de casa a la hora de la cena. Es normal, no te preocupes. Espero que tus hijos no se traumaticen por el abandono.

—Te estás riendo de mí.

—No, sonrío. Y te miro. No me río de ti.

—Lo parece. Adiós.

Mónica dejó sobre la barra unas monedas y salió deprisa. Al cruzar la calle, vio un chal de seda en el escaparate de *El Amante*, era una adicta a los chales y a la ropa de aquella tienda. Saludó a Dolores y charlaron un rato mientras miraba chales, bolsos y pulseras. Se probaba el chal, se envolvía en él, cuando al dar una vuelta para girar hacia un espejo tropezó con unos ojos.

—Ese color va con el pelo, con tu color de pelo. Es bonito.

El hombre del bar estaba parado en la puerta y volvía a mirarla con ojos de risa.

—Dile a tu amigo que pase, Mónica.

—No es mi amigo, Dolores; no lo he visto en mi vida.

—Bien, tienes razón. Una copa, un encuentro en la noche, no es nada. Cierto. Saluda a tus hijos cuando termine tu fuga. Buenas noches.

Mónica pagó el chal y caminó hacia casa. No respondió a una sorprendida Dolores sobre supuestos hijos ni la escapada. Buscaba las llaves en la mochila, cuando una mano se adelantó.

—Permiso...

—Avanti...

Mónica Aguirre supo que la revisión debía hacérsela un siquiatra. En el momento en que respondió, lo tuvo totalmente claro.

—Sólo pretendo abrir la puerta, no besarte.

—¡No quise decir eso! ¡No quería decir eso! ¡Recordé una película! ¡Dios! ¡Deja de seguirme! ¡Me pones nerviosa!

—Yo voy a mi casa y quiero abrir la puerta, no pretendo

seguirte; en todo caso, la sensación que estoy comenzando a tener es la contraria. Wilder estaría encantado contigo, te pareces a la Mills. Pero esto es Madrid, no Isquia. Y no hay baño, no hay báscula... Y no hay intención por mi parte...

—¡Me estás llamando gorda!

—No, he dicho que te pareces a Julliet Mills, no te he llamado gorda. Creo que tienes un grave problema de autoestima. Bebes sola en los bares, hablas con desconocidos, ahora la gordura...

—¡Y yo creo que esto es un diálogo de *Harold* & *Maud*! ¡Estás enfermo!

—Me encanta esa película...

—¡A mí qué me importa lo que te encante! ¡Todo esto es muy absurdo! No sé por qué he dicho lo de *Harold & Maud*. ¡Ella era mucho mayor que él! ¡No sé por qué digo nada!

—Sí, un diálogo típico de los hermanos Marx. Y el recuerdo de *Harold & Maud*, está bien: ella era mucho mayor que él, como en nuestro caso...

—¡Deja de hablar de cine! ¡Deja de hablar, no me hables! ¡Y no me llames ni vieja ni gorda!

—Tú comenzaste a hablar de cine, si no recuerdo mal... Y tú comenzaste a hablarme en la barra de un bar...

La voz pausada del hombre desquiciaba a Mónica y el efecto desquicie dio lugar a una reacción aún más ridícula. Le pegó un codazo, las llaves cayeron al suelo y, mientras él las buscaba, Mónica comenzó a gritar el nombre de Marcela. La llamada de la selva tuvo su efecto. Marcela Orellana dejó sentir su presencia de inmediato.

—¿Qué pasa aquí?

—¡Éste, que me pone nerviosa! Dice que vive aquí, pero está siguiéndome desde hace un rato, Marcela.

—¿Ésas tenemos, eh? ¡Juan, baja! Ya verás tú, mindungui, ya verás tú lo que te pasa ahora. ¡Identifícate! ¡Castaño! ¡Estoy sin protección! ¿Dónde está Castaño?

Castaño abrochó la bragueta con apuro; orinaba contra un árbol. Si el padre de la ex ministra levantase la cabeza, volvería a morirse. Hizo un gesto al otro escolta y caminó despacio; ningún enemigo querría matar a la Orellana, dejarla viva era una venganza horrenda contra la humanidad. Ni se inmutó con el grupo ni las voces.

Él estaba curado de espantos.

No sólo bajó Juan Micó. Aurora, Sandra y Anne Louis aparecieron en el portal. El hombre se apoyaba en la puerta mirando a Mónica. Aquella mujer estaba loca, una pobre demente desquiciada; le había hecho gracia, al principio pensó que era una ligona de bar, una mujer adulta aburrida, pero su conversación era incoherente y su comportamiento más. Suspiró con alivio cuando vio a Sandra Montoro.

—¡Miguel! ¿Ya te has instalado?

—Sí, Sandra. ¿Cómo estás?

—¿Tú lo conoces, Sandra?

—Sí, claro, yo le recomendé el barrio y la casa. Miguel ha vivido en Londres muchos años. No sabía que tú lo conocieras, Mónica. Es estupendo.

—Yo no lo conozco de nada.

—¡Dijiste que te acosaba, Mónica! Ya, son los nervios. Es por la revisión de mañana, Miguel. Encantada de conocerte...

Y sin saber cómo, el llamado Miguel estaba sentado en el salón de la casa, mientras Mónica quería morirse de vergüenza. El llamado Miguel miraba a la supuesta loca con cara de risa. Marcela se encargó de contarlo todo: operación, convalecencia y resurrección de los infiernos. Cuando se despidió, la risa de los ojos del filólogo dejaba paso a otra forma de mirar que Mónica interpretó —como siempre— a su manera: pena.

Mónica Aguirre pasó su revisión anual con mucha gloria y poca tristeza. Su salud era perfecta. La física, la mental no había variado un ápice.

Al salir del hospital, Mónica habló con Constanza. Su hija le hablaba de algo, un reportaje muy necesario a su entender, algo que nadie quería hacer. Mónica no entendía bien a Constanza, la cobertura era mala. Se despidieron y Mónica prometió que atendería la llamada de la persona que necesitaba su ayuda.

Ese día se puso mechas después de muchos meses; compró ropa nueva, dos pares de zapatos y todos los productos de belleza que Inés puso a su alcance. *Álvarez Gómez* tenía en ella una buena vendedora, una educadísima mujer a la que Mónica acudía siempre que necesitaba carenar el cuerpo. Lo del alma era más difícil. Al llegar a casa, encontró en la puerta a Miguel.

—Tengo que entregar esto a Sandra.

—No hay nadie, aún no han llegado. Pasa si quieres, déjaselo en la mesa de trabajo.

Y Miguel pasó al salón y Mónica le ofreció un té y él aceptó; al poco tiempo, Mónica caía de nuevo en su supuesto miedo ante aquellos ojos y hablaba sin parar.

—Esta tarde he pensado cuánto me gusta la palabra *carenar*.

—Sí, es bonita, Mónica, muy bonita...

—Yo me paso el día carenándome. Casi una vida entera llevo así. Intentando recomponerme el cuerpo y la mente. Me descompongo y, al momento, me careno, supongo que tú harás lo mismo. Me gusta la palabra carenar desde niña. Las novelas de Sabatini y de Salgari llenaron mi infancia.

—Sí, a mí me gustan mucho sus novelas, todavía las leo, Mónica...

Y Mónica hablaba y hablaba sin parar, como una muñeca a la que las pilas no se le terminan nunca. Miguel escuchaba y respondía con monosílabos: cierto, bien...

Y Mónica hablaba más aún. Sus silencios atizaban los nervios y la lengua se desataba. El teléfono puso fin a una conversación sin sentido, una más, entre ellos. Lo había conocido el día anterior y, cada vez que lo veía, se convertía en una máquina parlante. No era normal.

—Sí, soy yo. Sí, la madre de Constanza —le costaba trabajo saber que ése era el nuevo nombre de su hija—. No, creo que no me ha llegado ningún sobre con su remite. Un minuto, lo comprobaré. Sí, ha llegado. Bien, esta noche lo leeré. Gracias a usted. Sí, tomaré interés en el tema, por descontado. Adiós.

Miguel se había levantado y miraba a Mónica. Ella hablaba y él miraba casi con la misma intensidad que Mónica utilizaba en la palabra.

—Era la madre de una amiga de mi hija. Tengo una hija. ¿Tú estás casado? Nadie les saca en los periódicos una cosa de unas tierras expropiadas; es algo demasiado común, me temo; pasa cada día y no es noticia. ¿Quieres comer conmigo?

—No, no estoy casado. No puedo comer contigo, tengo que irme. Las noticias son o no son, según quién y cómo las cuente, Mónica. Pasa buen día.

De nuevo, Mónica se quedó con la sensación de preguntar demasiado, de embarullar sus conversaciones; él respondía con orden, concierto y paciencia. Transmitía tranquilidad.

Se preparó un bocadillo y comenzó a leer lo que la amiga de su hija le enviaba. Aparentemente, era lo de siempre: planes urbanísticos, planes generales de ordenación urbana que beneficiaban a unos cuantos constructores y deshacían vidas y haciendas de pequeños propietarios. Les compraban el campo a cincuenta y lo revendían a trescientas. Unos nombres llamaron su atención y buscó en Internet. Google y Yahoo le confirmaron lo que pensaba al leer los papeles.

Sonrió y, en ese momento, la imagen de Mónica, la tonta, la loca; Mónica, a la que se le traba la lengua cuando encuentra a Miguel, desapareció por arte de la noticia. Ahora era un halcón, un neblí, un halcón de raza, un ave de rapiña. Una nueva guerra a la vista, comenzaba a interesarle aquello.

Colocó los papeles en orden, los dejó sobre la mesa y, cuando pensaba en ordenar su cuarto, vio la guitarra; tan vieja, casi tanto como ella. Menos años, pero con más arrugas, eso desde luego. Tendrían los mismos golpes, pero a la guitarra se le notaban más que a ella. Se miró en un espejo, se desabrochó la blusa sonriendo, luego el sostén y se agarró los pechos.

—No estáis mal, nada mal. De momento, resistimos, y dicen que nos quedan muchos años por delante...

Se arregló la blusa y llamó a su agencia de viajes.

—Un billete para Asturias, Ramón; sí, mañana. En el primer vuelo. Resérveme un coche de alquiler; no, no sé cuántos días.

Cogió la guitarra y sentada en una silla del comedor, rasgando sus cuerdas y forzando las de la garganta, la encontraron Aurora y Sandra.

Se peinaba a lo garçon, la viajera que quiso enseñarme a besar en la Gare de Austerlitz... y desafiando el oleaje sin timón ni timonel, por mis sueños va, ligero de equipaje, sobre un cascarón de nuez, mi corazón de viaje, luciendo los tatuajes de un pasado bucanero... y cómo huir cuando no quedan islas para naufragar... mentiras que ganan juicios tan sumarios que envilecen los acuarios de los peces de ciudad...

—Mañana me voy de viaje. Tengo que investigar una noticia. No estaré fuera más de cuatro o cinco días. Ha estado aquí Miguel, ha dejado ese sobre para ti, Sandra.

Ergo sum

A los 52 años sigo pensando lo mismo
que a los 7
que las nubes son grandes, los monopolios enormes,
los vietnamitas chiquitos
e invencibles.
A los 52 años, escribo.
Y escribo como un autómata, corrijo como un
robot y publico lo que pienso (es un decir)

Blas de Otero

El pueblo era pequeño. Al menos lo había sido. Mónica vio cómo en el cielo las grúas marcaban una ruta de crecimiento. Las nuevas casas nada tenían que ver con la construcción tradicional de la zona. Nada de piedra, nada de teja. Lo asturiano había sido borrado de la faz de aquella arquitectura. Monstruos de hormigón forrados de baldosas verdes, como si de baños de los años sesenta se tratase; edificios rematados en acero de colores, horrendos colores; parecían construidos unos sobre otros, apretujados entre sí.

Era septiembre, finales de septiembre, y la mayoría de ellos tenían las persianas bajadas, estaban vacíos. Segundas residencias; conejeras a las que alguien llamaba pisos; pisos de construcción protegida. Intentó recordar el nombre, no eran de protección oficial. Precio tasado, eso era. Una trampa que escondía fórmulas para vender, a precio más bajo, las viviendas a ciudadanos de renta alta, por supuesto, la construcción contaba con ayuda pública.

El pueblo pagaba el enriquecimiento de cuatro bandoleros armados con planos y talones.

Llegó a una casa rodeada de árboles, comprobó la dirección y tocó la campana. Una mujer de pelo rubio recogido en un moño caminaba por la huerta en dirección a la portilla. La huerta era enorme. Pensaba que la amiga de Constanza sería una niña necesitada, de pocos recursos, y lo que estaba viendo alejaba la idea. La casa era grande, de piedra, bien conservada. La mujer la saludó y juntas cruzaron la portilla.

—¿Quiere guardar el coche?

—No, gracias, me iré en un rato, no es necesario.

—Pase, mi hija la está esperando. Todos la esperan.

Mónica Aguirre miró con ojos de sorpresa: los coches aparcados en el asfalto que rodeaba la casa no eran precisamente baratos. Constanza la había metido en algo extraño. La mujer hablaba de forma pausada, con cansancio.

—Mi hija dice que usted puede ayudarnos, que puede hacer que esto se sepa. Yo, y no quiero ofenderla, pienso que usted no puede hacer nada. Son demasiado fuertes. No podrá hacer usted nada.

—Yo no estoy muy enterada de lo que sucede, señora. He visto los documentos que me han enviado, unos nombres me han llamado la atención, pero nada más. Mi hija es, en ocasiones, muy beligerante; seguro que no es para tanto.

—Llámeme Manuela, por favor. Dice usted que no es para tanto: es para más. Munia es mi hija, mi única hija; sus hermanos son todos varones. Esta chica llegó ya fuera de tiempo; a mí me pilló vieja, Mónica. Terminará conmigo, tiene demasiada fuerza, arrolla. Se ha enfrentado a sus hermanos, se ha enfrentado a todos nuestros amigos. Tiene razón en todo lo que dice y lo que hace, pero es inútil: no va a cambiar nada. Es como su padre, piensa que el mundo puede cambiarse, cree en la utopía y eso no existe. Están esperándonos en el salón de invierno; ella está preparando una manifestación. Adelante, Mónica.

Al abrirse la puerta, Mónica Aguirre pensó que entraba en otra dimensión temporal. Un enorme salón decorado con piezas antiguas, con piezas que solían verse en revistas de decoración como ejemplo de antigüedades de precio inalcanzable. Una mesa enorme ocupaba el centro del cuarto. Sobre ella, planos, papeles, un ordenador portátil y una impresora. Mujeres ancianas vestidas de negro cortaban folios con un cúter, jóvenes calzados con playeros y vestidos con sudaderas trasladaban las cuartillas a unas cajas. Cuando Manuela estaba a punto de presentar a Mónica, una figura apareció en el medio del cuarto. No la había visto antes, estaba agachada bajo la mesa. Nadie se había fijado en Mónica, pegada a la pared. La figura de mujer que ascendía desde el suelo dio unas palmadas:

—Atención, la periodista está a punto de llegar. No quiero que la asustéis, que sepa lo necesario, tan sólo lo necesario de momento. Ya sabéis cómo son estas señoritingas de capital.

Manuela intentó avisar a su hija de la presencia de Mónica, pero el brazo de la periodista la detuvo. El grupo se rió de las palabras de Munia, y ella continuaba dando instrucciones.

—Déjela...

Munia González de Lena era pequeña, diminuta, con el pelo cortado a lo garçon, rubia, cabeza de estopa. La boca parecía demasiado grande para aquella cara, pero era hermosa. Y los ojos le brillaban. Alguien joven creía en algo. Encabezaba una rebelión, ya se le pasaría. Al auténtico Cap D'Estopa lo habían matado por unas tierras. Hoy en día, esas cosas no pasaban, algún insulto y poco más.

Manuela interrumpió la conversación de su hija y todos los ojos se fijaron en Mónica. Saludos, miradas de recelo y la palabra casi desafiante de Munia ocuparon unos minutos de conversación.

—Esto son los planos. Como ves, los que han expuesto al público no se corresponden con los que finalmente han aprobado. Han recalificado suelo a su antojo. Estas fincas que están pegadas a la costa son urbanizables; éstas, a más de dos kilómetros de ella, las califican como franja costera. A los que no han querido vender, los han castigado: sus campos, sus fincas, las han calificado como suelo urbanizable, para hacer viviendas de supuesta protección oficial. Al final, serán de precio tasado. ¿Ves estos círculos? Aquí se puede construir, pero, como verás, los círculos están en medio de tierras calificadas como franja costera. Los huevos fritos estos pertenecen a sus amigos. Así compran voluntades. ¿Me sigues?

Cap D'Estopa podía llegar a ser un tanto cargante.

—Sí, perfectamente. Pero no creo que esto dé para un reportaje, Munia. No creo que interese a nadie: sucede cada día. Los periódicos no le darán mucho espacio. Yo haré lo que pueda, pero no será mucho, me temo.

—Te lo había dicho, Munia: ni puto caso nos hará ésta. Estabas avisada. A nadie le importa el pueblo ni la especulación; a nadie le importamos nada.

Mónica volvió la cabeza con una respuesta airada en los labios; la respuesta quedó suspendida en el abismo.

—Puedes insultarme, responderme. Puedes tratarme como a un ser perfectamente válido: soy enano, no idiota. No me ofendo por las respuestas, me ofende, en todo caso, tu silencio, madrileña. Llegados a este punto, preferiría ser maricón, me montaría una historia y saldría en un montón de programas de tele, así, de paso, contaba lo que sucede en este pueblo olvidado de la mano de Dios.

—¡Julián, no creo que debas hablar así de los homosexuales! Nosotros estamos cooperando en lo que podemos y tenemos problemas propios, no te pases.

—Dije maricón, que es despectivo, Amalio. Sólo me faltaba ser enano y homófobo.

—No tienes por qué llamarte enano sin parar. —Mónica no sabía qué decir; aquello se complicaba por momentos—. Y soy asturiana, nací aquí.

—Me asquea que me llamen pequeño, señora. Soy enano, así de simple. Un enano acostumbrado a librar batallas desde niño. Ahora tengo veintitrés años, soy licenciado en derecho y esa corrección política me la suda. Cuando no podía mear en los retretes del colegio o de la facultad, cuando no alcanzaba al pupitre de la escuela, cuando los escalones y todo era inmenso para mí, nadie me ayudó. Mi madre llamaba a todos los diarios nacionales, a cadenas de televisión y el asunto de un minusválido no interesaba, así que me cisco yo en todo esto. ¡Más revolución y menos corrección!

Dos mujeres ancianas, dos señoras con vestidos rematados con puntillas, se le acercaron. Eran gemelas.

—Somos Visitación y María Consuelo. Encantadas. Déjeme un minuto, seguro que logro encontrarlo. Usted escribió esto.

Y mientras Visitación buscaba en el bolso, Mónica Aguirre pensaba en que últimamente todo el mundo le ensañaba lo que escribía; casi como un reproche.

—Usted es la de la foto, ¿verdad?

—Sí, señora.

—Es más bonita al natural, señorita

—Y usted ha firmado este artículo, ¿cierto?

—Sí, yo lo he firmado.

Las dos hermanas hablaban a turnos y Mónica pensaba que era una especie de juicio. Munia la miraba con la sonrisa torcida.

Mónica cogió el recorte de periódico arrugado y lo leyó.

NUEVA CLASE SOCIAL: LA POLITOCRACIA

«De ahí que el acceso a determinados bienes no pueda ser algo competitivo o concursivo. Todos tienen que tener acceso

a la cultura, a la salud, al alimento, a la habitación, por lo menos, en condiciones de digna subsistencia. En tanto esto no suceda, no está satisfecho el ideal igualitario del socialismo.»

«... Si aspirásemos a reemplazar un partido por otro, una tiranía por otra, nos faltaría el valor... para lanzarnos al riesgo de esta decisión suprema... Nuestro triunfo no será el de un grupo reaccionario, ni representará para el pueblo la pérdida de ninguna ventaja. Al contrario: nuestra obra será una obra nacional, que sabrá elevar las condiciones de vida del pueblo —verdaderamente espantosas en algunas regiones— y le hará participar en el orgullo de un gran destino recobrado.»

El primer texto corresponde a Luis Gómez-Llorente, un estudio sobre Pablo Iglesias. El segundo párrafo es de José Antonio Primo de Rivera. Tomo como referencia el ideario de dos corrientes políticas de las que nacen pensamientos actuales y partidos que nos gobiernan. Es un intento —seguro que vano intento— de refrescar la memoria y resucitar los idearios políticos en ambos lados de este lago de aguas profundas y sucias en las que se está convirtiendo la política. El ideario, al parecer, es algo pasado de moda; no se encuentra necesario el debate político, la teoría política inexcusable en cada momento y en cada partido. Asistimos al nacimiento de una nueva clase social que trabaja para ella misma: la clase política, la politocracia. Generalizar es peligroso e injusto. Diré, más bien, que muchos políticos de todas las tendencias labran un porvenir para ellos y no para la polis. Los grupos de presión pagan bien a la nueva clase. No es necedad afirmar que cada grupo de interés económico intenta meter a calzador en las listas de los diferentes parlamentos del pueblo español, a sus defensores. Defensores de grupos, no del pueblo ni de ideas. Parece que no importan las siglas, que no importa el partido. Lo necesario y conveniente es que estén en el lugar oportuno para poseer el poder que aparentemente otorga el ciudadano. La politocracia es la nueva clase emergente en España. La politocracia de unos y otros allana el camino a los círculos empresariales más poderosos, extranjeros o nacionales, eso no importa. Los honestos, los senadores cabales, o se dejan vencer o los eliminan de las listas los Césares de turno. Tal parece que cuanto más inútil, más débil, mejor para lograr un lugar en las listas a los parlamentos. Marionetas que terminan rotas si elevan la voz. Marionetas en manos del capital y del sol que más calienta. Si este artículo molesta a la politocracia: agua y ajo. Roto el ideario se rompe el encanto que todo programa político ha de tener; roto el ideario, se rompe con el compromiso público. Y roto el compromiso público, ¿qué queda? La nada o la necesaria regeneración de los grupos políticos, no su renovación. Grupos que se tapan las faltas, grupos que se convierten en poderes al servicio de causas desconocidas, grupos sin valor alguno…

—Si lo has escrito tú, Mónica, eres uno de los nuestros. Quédate dos días, tan sólo dos días. Y después piensas si puedes hacer algo por nosotros…

La mocosa le decía que era uno de los suyos, más bien, sería al revés, pero no tuvo ganas de discutir. Anunció que se iba al hotel y todos la miraron de forma extraña.

—Tienes preparada la antigua casa del chófer, Mónica. En el hotel, en casi todos los que hay en el pueblo, te mirarán raro, sabrán a qué has venido. Son hostiles. Te gustará la casa. Te acompaño a dejar tus cosas y después, si quieres, paseamos un rato por el pueblo y vas viéndolo. Vosotros continuad; ya sabéis que no puede salir nada mal, he llamado a las televisiones regionales. ¿Vendrá alguna cámara de Madrid, Mónica?

—No, no sabía nada. Vine a ver la situación para enterarme, y a descansar un poco, nada más. Traigo mis cámaras.

—Ya, nada más. Vamos.

Mónica Aguirre estaba cansándose de Munia; el resto eran extraños, pero amables; la niña era insoportable, se comportaba como un adulto y sus miradas eran burlonas.

La finca era grande, muy grande. Munia iba contándole cómo ella pertenecía al mismo partido que el alcalde de la villa, pero no tragaba los planes especulativos; cómo había acudido al secretario general del partido, cómo le había enseñado los planos y las demás pruebas. La repuesta que recibió fue que acudiese a la justicia. Y una amenaza de expulsión, de continuar en el mismo camino. El alcalde había afectado la finca de su madre y ella había logrado quitarle las rayitas que convertían las tierras en pasto de las escavadoras.

—Ahora me preocupan los vecinos, el resto del pueblo. Mis hermanos se han puesto frente a mí. Da igual lo que hagan: la finca es de mi madre, privativa; y me la ha cedido. Tiene el usufructo, pero la propiedad es mía. Sé que me la quitarán, Mónica, lo harán tarde o temprano, pero resistiremos. Ya me han adelantado que expropiarán parte de la tierra para construir. Me integrarán en una unidad de esas que se inventan ellos. Me darán dinero, mucho. No lo quiero. Quiero los manzanos, quiero los guindales, quiero que se conserve el campo y se construya de manera razonable. A los del pueblo les dicen que vamos en contra de su progreso, de su sustento. Y se lo creen. No se dan cuenta de que esto es pan para hoy y hambre para mañana. Ahora han anunciado que construirán un centro comercial. En el fondo estoy contenta: que se jodan, que empiecen a ver a lo que conduce la especulación, el dinero fácil. No se cultivan los campos, no se estudia: albañiles sin preparación alguna, camareros de pacotilla y criadas, en eso los convierten; no hay más futuro que ése en esta comarca. Nada de aprovechar las castañas, membrillos o manzanas o hacer mermeladas o licores. Alguna industria. De eso, ni se habla. Sólo especulación.

—Munia, estas cosas pasan en todos los sitios del país, será difícil darlo a nivel nacional, ya te lo he dicho.

—Así que esto pasa a nivel nacional. Mira qué bien. ¿Matan perros, los ahorcan? Mi madre encontró ahorcados a dos de nuestros perros en el muro. A lo mejor, si lo enfocamos por ahí, da resultado, Mónica. Se defiende más a los perros que a los pueblos, puede que debiéramos enfocarlo por ahí...

—¡No seas bruta, chica!

—Soy como me obligan a ser. Pasa.

La casa era preciosa, la planta baja de las antiguas cocheras se había convertido en un enorme salón. Los dormitorios estaban amueblados con camas y mesitas de nogal. Habría sido perfecto para un hotel rural. Rodeado de manzanos, rododendros, rosales. Era un lugar hermoso.

—Ni lo pienses, Mónica. Antes lo dono para colonias de rehabilitación de toxicómanos; eso les molestaría mucho a los progres del Ayuntamiento.

Encima de petulante, la niña leía el pensamiento. Mónica pensó que no aguantaría los dos días. Pasó el resto del día visitando la villa. Los edificios monstruosos de construcción reciente eran realmente agresivos a la vista. Se estaba construyendo como siempre, sin orden, sin concierto. Caminaban de regreso a casa, comentando lo que habían visto, cuando un coche pasó a su lado y comenzó a ralentizar su marcha. Una de las ventanillas traseras fue dejando ver el interior. Un hombre las miraba fijamente. Sin decir ni una palabra, volvió a subir la ventanilla y el coche desapareció de la vista de las dos mujeres.

—Eso es para dar miedo.

—Bueno, no me parece que quisiera meternos miedo, Munia. No sabe quién soy y no ha dicho nada.

—Sabe quién eres, perfectamente. Suele saberlo todo.

—¿Quién es?

—Ya te enterarás, Mónica, ya te enterarás...

Mónica se acostó y quedó dormida al momento. El campo tranquilizaba el espíritu. Munia tenía una imaginación desbordante, nada era tan terrible. Perros ahorcados... Manuela no le había contado nada de aquello durante la cena.

Perros ladrando, ladrando y aullando. Gritos, voces,

muchas voces. Muchos gritos. Mónica despertó sobresaltada. Se calzó y se puso los pantalones sobre los del pijama, enganchó un jersey al vuelo y salió corriendo. Las llamas cubrían parte del paredón de la finca. Vio a Munia correr de un lado a otro; Manuela hablaba con la Guardia Civil; los bomberos trataban de sofocar el incendio. Más allá, a lo lejos, Mónica divisó un resplandor.

—Esta noche han trabajado a conciencia: el resplandor que ves es el Palacio de Pardo, más bien, era. Con ese fuego han ganado una fortuna: dentro de un mes estará recalificado. Y lo nuestro es porque saben lo de la manifestación de mañana, piensan que tendremos miedo. A Fernando y Amalio les han tirado una canasta de baloncesto encima del tejado de su casa. De paso les han vuelto a pintar la fachada, me han dicho que un rótulo enorme: maricones, han escrito con pintura roja. Se llama intento de acojonar, Mónica. No me mires así, al fin eres corresponsal de guerra, ¿no?

—Sí. Esto no es normal... No puede ser normal...

—Vete al cine o cómprate *La caja 507*. Igualito.

Mónica mal durmió el resto de la noche. El teléfono la sacó de un mal sueño lleno de escenas de película de miedo.

—¡Monique! ¡Estamos cerca, vamos todos! ¡Tenemos que darte una gran noticia, *darling*! Constanza está con nosotros. Sabemos llegar. En media hora estaremos ahí. Besos.

¿Lu estaba allí? ¿Quiénes eran todos? ¿Qué hacía allí Constanza? No quiso pensarlo, se aburrirían y habrían pensado en una excursión. Se duchó y fue al encuentro de Munia. Las hortensias tardías de medio muro estaban quemadas, la hierba llena de una capa blanca, la huella de los extintores. Algún manzano había quedado sin ramas ni hojas, era un cuadro desolador.

La casa era una especie de zulo secreto, un nido de conspiradores. El chaval bajito, las viejas, las viejas gemelas, los dos amantes homosexuales perseguidos, más viejos a los que el día anterior no había visto, los jóvenes de playeros multicolores. El ejército de Munia era más bien patético. Parecían muy excitados.

—¡Ha salido en la página dos del periódico! ¡Lo hemos logrado! Toma un café y un buen desayuno, Mónica. Te hará falta. Viene Constanza, con Letizio. Lo de ellos tendrá que esperar hasta la noche. Mira.

Mónica tomó una taza de café con unos picatostes. Le dolía la cabeza. No entendía nada: les habían quemado las casas y parecían no darle importancia. Su hija llegaba y Munia lo sabía. ¿Quién sería Letizio y qué tendría que esperar hasta la noche? No escuchaba nada; todos tenían un periódico en las manos; ella miró el que Munia le había dejado. No pudo dejar de leer; aquella Munia...

A mi edad, las palabras cobran una importancia tremenda. A esta edad, la vida te ha dado bofetadas hasta en el DNI y eso hace que el lenguaje tenga un valor excepcional. A mi edad sé que los planes siempre concausan el corazón de alguien. Ligue: persona con quien se mantiene una relación amorosa frívola y trivial. No cuentes conmigo, porque me ha salido un plan para esta noche... Al final, y a estas edades, todos sabemos que los planes terminan en jodienda. Sí, no se me asusten. Hay que comenzar a llamar a las cosas por su nombre y el castellano es una lengua rica. Los planes, en líneas generales, a unos los benefician y a otros los fornican. Así de castellana se ha levantado mi pluma esta mañana. Hasta rimo. Hasta hago ripios.

Los planes amorosos dejan victimas en el camino. Los planes urbanísticos, lo mismo. Los de urbanismo tienen una peculiaridad de la que carecen los amorosos: en los planes urbanísticos siempre, siempre, se habla de bien común. En los amorosos no suele hacerse, por moralidad, creo. En los planes urbanísticos la moralidad se pierde. Siempre. Sin excepción. Así que, al final, casi es mejor un plan tipo ligue que un plan urbanístico. Es más moral el sexo.

Hay un plan que trae quebrados mi ánimo y mi mente. El plan urbanístico de una villa asturiana.

Desde hace días, tengo la mesa del despacho llena de planos. Planos a diferentes escalas, planos de colores, planos en blanco y negro. Y hasta tengo planos del plan que son diferentes. Sí. Dirán ustedes que me he confundido, pero no. Tengo planos del plan y de la misma zona en los que las rayitas están pintadas en lugares diferentes. Este plan es un plan guay. Sí que lo es. Da para una película. Es como una peli de vaqueros, de aquellas pelis de cuatreros; de aquellas pelis de rancheros poderosos y rancheros pobres. Seguro que se acuerdan. El guión casi siempre era el mismo, llega al valle (casi siempre hay un valle y un río) un hombre poderoso y empieza a comprar tierras que, supuestamente, no servían de nada. A la sombra del «hombrón», siempre aparecen cuatro mentecatos del lugar que ayudan al malo. Son ese tipo de mentecatos que no comen mierda, no señor. Son ese tipo de tonto, fatuo, falto de juicio, privado de razón. De escaso juicio o entendimiento, pero que come langosta y cosas similares. Estos faltosos del valle suelen ser advenedizos que no comieron caliente en su vida y a las primeras de cambio se compran casonas y cochazos. En la muñeca llevan relojes especiales, tan enormes que —digo yo— deben de servir para hacer pesas. Estos mentecatos del lugar son los cómplices perfectos del malo de la peli del Oeste. El hombrón lleva la tarta entera y a estos faltosos les da unas cuantas migajas. Para ellos es suficiente. De trabajar con el cemento y con las manos, dirigen la obra sin pasar por más Universidad que la de la vida. La mala vida, se entiende. Lo de la mala vida no es solamente aplicable a las putas. Es otro punto que hay que dejar claro. Continúo con la película, con el guión. Llegan éstos (los malos) y, ¡zas!, quieren acoquinar a los rancherinos (rancheros pequeños). Siempre hay un «cherif» cómplice de todo el tomate y, por encima del «cherif», en la capital, un político malo, pero de esos malos-malos-malísimos. Y no podía faltar la viuda, siempre hay una viuda, una pobre viuda ranchera que defiende la propiedad que le dejó su marido. La viuda suele tener un hijo y una hija. Al hijo, por lo general, suelen matarlo los malos. Pero a la hija (y siempre hay un pero salvador) suele desearla el malo, el poderoso. Así que se enfrentan en una guerra sin cuartel y en las películas ganan los rancherinos. Fuera del cine, no sé.

Desconozco el motivo de acordarme de todo esto, cuando hablo de esta villa asturiana y de su plan urbanístico. La verdad, no sé el motivo. Será, asimismo, cuestión de la edad. Claro que mi madre está viuda. Tiene hijos. Y a mi madre y a sus vecinos les van a quitar las tierras (ellos, los del plan, lo llaman afectar, que es más suave. Joder, jode lo mismo). Y, pegada a las tierras de mi madre, está La Talá. Y, detrás de las casas de mis vecinos, están varias Cías... Y las «afectaciones» de lo nuestro dan la sensación de que benefician a esa gente. A los de las Cías... Y resulta que la protección costera llega casi hasta el Cuera. Eso, en la zona que es de los «pobres rancherinos». Lo de los otros llega casi hasta el acantilado y pueden construir. Y en el mapa, en medio de las protecciones costeras, hay islas. Islas en el plano. Y en las islas se van a construir casitas de urbanizaciones. Y los que tienen el pradín al lado no pueden hacerlo y, encima, los afectan. Colindan con las islas de chalés, pero no podrán construir. Son espacios protegidos. La ocupación-afectación de las tierras no es por güevos, es por huevos, que son esas cosas claramente diferentes. Así que no sé yo el motivo de acordarme de las películas de vaqueros y el plan urbanístico de la villa. No sé. De todas formas, mi madre no es tipo madre Casa de la Pradera. *Mi madre es más tipo madre coraje. Y desde luego, yo no soy tipo Laura y hermana. Yo le he dicho a la madre coraje que tengo: por mí, ni te preocupes, no son más que ladrillos. No vuelvo a poner los pies en la villa. Me voy para Marbella. Ahí todo el mundo tiene más que claro con quién se la juega, mamá. Allí todo el mundo sabe de qué pie cojean los ediles. Yo, por mi parte, voy a seguir dando la vara en donde pueda. Pero la casa donde vive mi madre les va a costar más de lo que piensan; el quitársela. El afectársela, como ellos dicen. Les van a doler las orejas de escucharme y otras partes, masculinas ellas, de aguantarme. Al final ganarán ellos, pero yo prefiero la lucha a la resignación. El sentido del honor al dinero. La barraganería en la que está cayendo nuestra sociedad no trae nada bueno para el pueblo. Por hoy dejo la lectura de* Guillermo el Travieso *y voy a recrearme en* El Coyote. *Lo de la marca, lo de dejar a los malos sin el lóbulo de la oreja, despierta en mí sueños y añoranzas. Una Guadalupe, una Leonor de Acevedo, me gustaría ser. El destino siempre termina convirtiéndome en Coyote. Señor, qué cruz... Voy a llamar a los Lugones, a ver que me dicen Evelio o Timoteo. Son mi última esperanza... Y queridos lectores, no me paren por la calle para decirme que tengo razón, eso ya lo sé. Hagan algo, por una vez, hagan algo. Hoy nos toca a unos, mañana puede ser cualquiera de ustedes.*

Mónica leyó el artículo dos veces. Aquella niña escribía con fuerza, lo hacía muy bien.

—Eres una estupenda periodista, Munia. Muy buena.

—Gracias, Mónica, lo hago por entretenimiento. Lo mío es la medicina.

—¿Eres médico? —La voz de Mónica no pudo disimular la sorpresa. Munia era muy joven.

—Sí, Mónica. No tengo la edad que aparento. Voy a cumplir veintisiete años; a Constanza la conocí por Letizio, trabajamos juntos en un programa de vacunación.

Mónica no pudo preguntar quién era Letizio, la doctora marimandona estaba arengando a sus huestes. El nombre aquel, el tal Letizio, la estaba preocupando. En Italia quedaban residuos de movimientos revolucionarios y Constanza era medio lela, no tendría que tratarse con ningún Letizio fuese quien fuese. La madre se impuso a la revolución una vez más en la historia.

Un microbús entraba por el portalón. Debían ser manifestantes. Mónica salió de la casa, se había dejado las cámaras en su cuarto. No llegó. Del microbús vio cómo descendía Constanza, cómo un hombre joven la ayudaba, un hombre joven vestido con un pantalón amplio, con un jersey color guinda y abierto en el cuello, con cremallera. Aquél era Letizio: ser italiano imprime estilo, pensó Mónica. Marcela descendía del microbús, Juan Micó hacía lo propio, Aurora, Sandra, Anne Louis y Miguel los siguieron. Castaño descendía con cara de mala uva, la habitual en él. Alguien debía de haberse muerto. No tenía parientes cercanos, así que no era ésa la cuestión.

—¡Mónica! Debes tranquilizarte, no pasa nada. ¡A Juan y a mí nos ha pasado lo mismo y estamos muy contentos! No pasa nada, de verdad que estas cosas suelen salir bien siempre, Mónica.

Estuporoso, algún médico imbécil habría calificado así el estado de Mónica, que no lograba centrar la vista en ninguno de ellos, no lograba entender nada. Munia se abrazó a Letizio y a Constanza, hablaron entre ellos y, de pronto, Marcela discutía acaloradamente con Sandra. El clima del Norte estaba sentándole mal, pensaba Mónica. Intentó saber de qué hablaba Marcela, pero fue imposible. Todo el mundo cambiaba de tema, su hija le presentó a Letizio, Mónica lo saludó; Letizio saludó a Mónica; Miguel saludó a Mónica, todos se saludaron y, cuando quiso darse cuenta, respondía a una llamada de teléfono.

—Sí, buenos días. Sí, yo soy Mónica Aguirre. ¿Quién es?

El corazón de Mónica comenzó a latir con fuerza; la mente de Mónica se olvidó de que algo extraño sucedía entre sus amigos y puso la mayor atención a la llamada.

—No sé por qué quiere verme esa persona. Y en mi móvil no acostumbro a recibir llamadas de secretarios, señor. Si esa persona quiere hablar conmigo, dígale que lo haga él directamente.

Colgó el teléfono y se enfrentó a la mirada de Munia.

—Volverá a llamarte. Ahí está...

El teléfono había comenzado a sonar de nuevo.

—Sí, buenos días. Soy yo, sí. ¡Oiga, sabe usted perfectamente que soy yo! No sé si podré acudir. ¿Un coche? —Mónica dirigió la vista a la portilla de entrada—. Sí hay un coche, más bien, un barco. Perdóneme, intentaba hacer una gracia. ¿Sin cámaras? Bien, iré con mi ayudante.

Muchas caras conocidas y desconocidas la miraban cuando colgó de nuevo el teléfono.

—Era el indiano.

Munia informaba a los insurrectos sin que Mónica pudiese explicar más.

—¿Quién es el indiano?

—Marcela, aquí pasan cosas muy raras, hija. Ni te imaginas quién es el puñetero indiano. Sandra, tú serás mi supuesta ayudante, yo sola no voy.

Aurora interrumpió las quejas de Marcela al grito de ¡vamos todos! Y todos, los visitantes, subieron de nuevo al microbús, dispuestos a seguir al coche del indiano. Munia les recomendó cuidado y quedaron en verse frente al Ayuntamiento. La manifestación no podía retrasarse, las televisiones regionales estaban avisadas a esa hora. Castaño subió al autobús renegando entre dientes. Orellana estaba sufriendo una mutación —a peor— por culpa del negro.

Sandra y Mónica subieron al coche, dos hombres las acompañaban. Uno de ellos conducía y otro no les quitaba ojo por el retrovisor. Seguidas del autobús, se sentían más tranquilas. No podían hablar, tan sólo mirarse, y la mirada de Sandra era de asombro y un poco de miedo. Mónica le apretó la mano.

Llegaron a un portón de hierro; un muro enorme rodeaba una montaña que terminaba en el mar. En lo alto, una casa tipo americano hortera de los años sesenta dominaba mar y campos.

El portón se abrió y dejó paso franco al coche, cuatro hombres volvieron a cerrarlo; el microbús tuvo menos suerte. Vieron cómo los ocupantes protestaban, pero los hombres que custodiaban el portalón eran inmunes a los gritos, incluidos los de Marcela. Ascendiendo por un camino asfaltado llegaron a la casa. Los hombres que las acompañaban les abrieron las puertas del coche. Sandra y Mónica se dispusieron a franquear la puerta de cristal, pero unas manos las detuvieron.

—Tenemos que registrarlas, señoritas...

—Esto será una broma. Sandra revivía cualquier escena de una de sus novelas y ninguna alcanzaba lo que estaba viviendo.

—No, son órdenes, señorita.

—No nos van a registrar, cachear ni nada semejante. Llévenos al pueblo de inmediato.

La voz de Mónica denotaba la tremenda mala uva que estaba apoderándose de ella. Otra voz, la que le había hablado por el teléfono, se dejó oír.

—Dice el señor que pueden entrar.

Sandra anotó en la cabeza la entonación de la palabra *señor*. Acojonante entonación. Aquello parecía una selva latinoamericana más que un pueblón del norte de España. Miró a los tipos que querían cachearlas con ganas de decir chínchate. No pudo hablar. Las americanas abiertas dejaban ver dos pistolones. A punto de echar a correr, vio la mirada de Mónica y tuvo menos miedo. Un hombre de aspecto encogido estaba en la puerta de entrada, el de la entonación.

—Síganme, señoritas. —Y ellas lo siguieron.

—¡Tiene pistoleros, Mónica!

—Ya...

—¿Cómo que ya? ¡En las novelas, estas cosas les pasan a los tíos! ¡Y en países sin civilizar!

—No seas antigua, esto es el progreso, Sandrita. Mira qué casa, no verás así otra en tu vida, gracias a Dios.

Y Sandra se fijó en las esculturas, tremendas, horrendas esculturas de tamaño natural. Cuadros enormes, chimeneas enormes, todo era enorme. Llegaron a un cuarto más enorme que los anteriores. Una piscina olímpica ocupaba la mayor parte de aquella sala gigantesca desde la que se divisaba el mar, el campo, la montaña. Y, en medio de la piscina, un hombre flotaba.

—Buenos días, señorita Aguirre y compañía. ¿Desean darse un baño? Es agua de mar.

—No podía ser menos, señor Altodenubla...

—Veo que conoce mi nombre.

—Por supuesto: éste y el antiguo González, antes de que se lo cambiase por el de su pueblo. Yo también estoy informada.

—Bien, me agrada eso. Cámbiense: hay biquinis en las taquillas. De Dior y nuevos, por supuesto.

Sandra Montoro se dejó caer en una hamaca. Estaba soñando. Altodenubla... Biquinis de Dior y nuevos, por supuesto... Qué diálogo... ¡Glorioso! Vio cómo el hombre nadaba hacia ellas, vio cómo Mónica se dejaba caer en otra hamaca y vio lo nunca visto. Un criado, tenía que ser un criado, vestido con una blusa blanca, un pantalón blanco, toda la vestimenta muy blanca y el criado muy cobrizo, vio cómo el hombre, sacado de la película *Cuando ruge la marabunta*, se acercaba al tal Altodenubla y le colocaba un albornoz rojo sobre los hombros, vio cómo se agachaba y le secaba los pies y, acto seguido, se los calzaba en unas zapatillas del mismo material y color que el albornoz.

Altodenubla se dejaba, como si fuese normal que a un adulto válido le sequen los pies y lo vistan. Sandra abría los ojos cada vez más.

Altodenubla se sentó en un sillón junto a Mónica y la miraba fijamente.

—Es usted muy bella, Mónica...

—Sí, ya lo sé. Pero no he venido aquí por un concurso de belleza.

Sandra giraba la cabeza de un lado a otro siguiendo la conversación sin sentido, a la vez que buscaba desesperadamente dónde apuntar todo aquello. Tendría que esforzarse en recordarlo, lo apuntaría al llegar a casa.

—Espero que no les moleste que las reciba así, casi en paños menores...

—En absoluto; paso mucho tiempo de mi vida en la selva...

—No es lo mismo, Mónica, no lo es.

—Para mí sí. Y bien, dígame lo que quería decirme. No he traído grabadora ni cámaras, no he traído nada. Diga lo que quiera rápido, nos esperan.

—Ya, la manifestación. No quiero decirle nada especial, sólo mirarla de cerca. En todo caso, apelar a su sentido común: nadie se opone al progreso, Mónica.

—Al progreso no: a la especulación, puede que sí, puede que no. Veremos.

—Usted no sabe en dónde se está metiendo, Mónica.

—Lo sé perfectamente, yo no viajo jamás sin enterarme del terreno que piso. Si se refiere usted a su amistad con un portavoz parlamentario, a que a su jefe lo asesora un ex presidente de un gobierno de este país, a que sus guardias personales van armados, a sus negocios en general, sí lo sé. Aquí las cosas tardan en saberse, pero el pueblo no es tonto, al final las cosas salen a la luz: ni el Rey se salva. No lo olvide, señor Altodenubla. Sé en dónde me meto. Como le dije antes: la selva. Puede que usted viviese en América Latina demasiado tiempo: España no es una república bananera. A lo mejor, quien no sabe dónde se mete ni cómo puede salir es usted, Altodenubla.

—Mónica, no debe ser usted tan cortante, puede tener disgustos con ese carácter.

Sandra tomaba nota de la voz, de las palabras, pero aquéllas le estaban pareciendo amenazantes; amenazantemente suaves, así que se cansó de apuntar mentalmente y pensó que era hora de irse. Se puso en pie y, al momento, su mirada se clavó en el esclavo cobrizo vestido de blanco impoluto. Avanzaba hacia ellos sosteniendo un cojín de terciopelo rojo; sobre el cojín, un perro pequeño, diminuto, que parecía muerto. Aquello era demasiado: era una especie de amenaza ritual. ¡Qué coño se pensaba aquel tío! La democracia les había costado mucho para dejarse intimidar ahora por ritos animistas o satánicos —igual le daba— y matones.

En este punto, es preciso decir que Sandra Montoro idealizaba la palabra democracia en demasía, ignorando que ese término y en el mundo de hoy, es más que discutible.

Antes de que Sandra Montoro dejara de pensar en luchas democráticas, el indiano dio un grito de alegría e invocó un nombre.

—¡Golosina! ¡Mi querido Golosina!

Sandra miró a Mónica y Mónica miró a Sandra.

El perro levantó la cabeza levemente y volvió a dejarla caer sobre el terciopelo. El criado continuó caminando hasta llegar a la altura del indiano y se paró. El hombretón parecía a punto de llorar. Era increíble; cada vez funcionaba más la mente de Sandra Montoro. El tío aquel, el mafioso de los huevos, parecía a punto de llorar mirando al perro.

—Mi pobre Golosina ya no puede caminar...

—Porque le faltan, porque no tiene, las dos patitas de atrás...

—¿Cómo dice? ¡Es usted una maleducada! Mi perro es sagrado.

Sandra Montoro entró en la piel de una india amazónica a la que intenta agredir un cacique roba maderas tropicales. Se acercó al hombre, agitó su mano derecha sobre el perro y musitó unas palabras que ninguno de los presentes logró entender.

El indiano retrocedió, Mónica miraba con cara de asombro a Sandra, mientras la india mancillada continuaba agitando la mano sobre el perro Golosina. Cuando se cansó de musitar, Sandra se acercó al hombre, lo miró a los ojos, pensó que era una pena que fuese un criminal no confeso pero sí cuasi convicto porque estaba más que bien físicamente y, clavando sus pupilas en las del indiano, le dijo:

—Me llamó Sandra Montoro. Tú mataste a mi padre. Prepárate a morir…

Retrocedió el hombretón y casi gritando le preguntó a Mónica:

—¿Qué hace su amiga? ¿Qué está haciendo?

—No lo sé, señor Altodenubla; supongo que un conjuro. Tiene poderes, desde niña los tiene.

—¡Yo no conozco a su padre! ¡Jamás he visto a su padre! ¡Nunca maté a nadie!

Sandra, cada vez más metida en su papel, entrecerró los ojos y volvió a la carga.

—Los hombres como tú no recuerdan ni a quien matan… Habrán sido tantos… No te olvides de mí, volveré. ¡Ah! Y el Golosina la espicha en cuatro días. Tenlo claro.

Salieron de la casa guardando la compostura. A mitad de la montaña, comenzaron a correr y a reírse. Pararon sin fuerzas para continuar.

—Me llamo Sandra Montoro… ¡Tú mataste a mi padre, prepárate a morir! ¡Eso ha sido genial, Sandrita! ¡No ha visto en su vida *La princesa prometida*! Y el conjuro al Golosina de marras; si se muere en unos días el pinche perro, el indiano se muere de miedo, Sandra.

—Sí, no ha estado mal. Te juro que fue como un sueño; de todas formas, es un tío sin escrúpulos, Mónica, hay que ir con cuidado. ¡La casa es un pastiche! Sólo le envidio el Hopper que tiene a la entrada, refleja soledad de una manera casi trágica. ¡Así se quedará éste! ¡Tanto dinero, tanto poder y terminará solo!

Llegaron a la entrada y, entre preguntas, subieron al microbús camino de la manifestación. Entre pregunta y pregunta,

Mónica miraba a Miguel y Miguel miraba a Mónica; como siempre, sin hablar. Y entre mirada y pregunta, Mónica observaba a su hija y a Letizio. Se estaban besando. La niña se iba de excursión política con el novio, muy moderna. Eso pensaba Mónica de su Constanza. Las Mónicas se creen las únicas capaces de dar sorpresas y tienen a las Constanzas por seres fuera del circuito de la vida. Qué equivocadas están las Mónicas...

Aparcaron el microbús en el centro del pueblo.

No se veía mucho movimiento. A lo lejos, vieron a los proscritos caminando hacia el Ayuntamiento con pancartas y una bandera que representaba un mundo sin barreras, sin especulación, una sociedad democrática —los proscritos de esta historia no lograban aceptar que Guillermo el travieso es un cuento de niños y que Oliver Cromwell fue una anécdota en la historia del mundo occidental—. La imagen daba un poco de pena: mucho entusiasmo, pero poco ejército para una batalla tan dura. Pasaron por callejas estrechas llenas de tiendas, la única zona que la especulación había respetado de momento.

El grupo detuvo su andadura por un motivo de fuerza mayor. Un pescado, una merluza, salió volando de uno de los establecimientos. Siguieron a la merluza dos mujeres. Una de ellas daba dos pasos y se encaraba a la segunda mujer. La segunda mujer, una pescadera, blandía otra merluza en la mano derecha y la giraba como una maza guerrera.

—¡Yo voy a ir a la manifestación, Agustina! ¡Y me da igual que tu hijo tenga cinco praos en venta! ¡No hay derecho! ¡Y anda que no decíais que erais de izquierdas! ¡Bandidos, cobardes compraos por el capital eso sois! ¡Y a mí no me asustas tú ni la merluza!

—¡María, corre que te zumbo! ¡Empieza a correr, so desgraciá! ¡Los praos son pa vendelos! ¡Y no vais jodenos el negociu ni tú ni mil como tú! ¡Tos están haciendo lo mismo, el que venga detrás que arree!

—¡Arreaos vais a quedar vosotros, que os ponen un centro comercial! ¡Y yo, alegrándome cuando te vea pedir a la puerta la iglesia! ¡Van arruinaos a tós por no plantayos cara!

Los forasteros giraban de un lado a otro la cabeza. Sandra Montoro sacaba fotos y tomaba notas en una libreta. Estaba disfrutando. Increíble, ni la imaginación más fértil podía crear algo así. En ese momento del pensamiento sandril, la merluza cayó sobre la cabeza de la llamada María; Angustina, cual soldado del Cid Campeador, golpeó inmisericorde la cabeza de María en varias ocasiones. Aurora pensó en la Galia: Astérix y Obélix.

—¡Vas acordate de esto, Agustina! ¡El mal de ojo *tiéneslu asegurao pa toa* tu vida!

Pensaban los excursionistas-manifestantes que podrían continuar el camino sin más contratiempo, pero una voz los dejó inmóviles. Una mujer con mandil de cocinera salía de uno de los bares de la calle. Con las manos, en jarras la mujer contemplaba el ir y venir de las luchadoras a merluzazos. Una vez visto, mirado y, al parecer, pensado, se dirigió a un hombre que estaba junto a una cocina, presto a preparar lo que los comensales deseasen, es decir, un cocinero:

—Javierín, ábreme la espita del gas del horno. Voy suicidame.

—Sí, Consuelín, lo que digas.

Y, ante el espanto de los presentes, salvo Sandra que apuntaba todo como una loca, Javierín abrió la espita del horno y Consuelín metió la cabeza entera dentro. Juan Micó y Marcela tiraban de la mujer, mientras ella gritaba que la dejasen morir. Al final y con la ayuda de Letizio y Miguel, lograron desempotrar a la mujer del horno.

—¿Quieren dejame morir? ¡Ya vi una guerra civil, y eso *ye* lo que va a terminar pasando, yo por otra no paso, eso téngolo claro!

Convencida por las brigadas internacionales de la necesidad de luchar antes que morir, Consuelín entró en el bar y salió con una pota en una mano y una garcilla en la otra.

—Tienen razón estos señores, Javierín. ¡Hay que luchar! ¡Coge otra pota y vamos! ¡Esto vilo en la tele, pa hacer ruidu! ¿Quieren ustedes potes?

La fuerza especial revolucionaria venida del exterior —a otras cuestiones, pero integrados en el combate— agradeció el detalle, pero no quisieron ollas ni garcillas. Marcela se dio cuenta de que ella no podía estar allí. No era muy correcto, pensaba. Se lo comentó a Aurora.

—Marcelita, dicen que vienen los conservadores a manifestarse, así que tú tranquila. Si vienen, te quedas, si no vienen, lo miras desde la distancia.

—¿Desde cuándo la derecha estamos en contra de la especulación, Aurora? Esto es nuevo para mí. El mundo cambia tan rápido que no me entero.

Frente al Ayuntamiento, Munia y sus huestes daban gritos contra el PGOU; el chico bajito arengaba a las masas. Las hermanas gemelas saludaron con la mano a Mónica. Desde la tribuna —pila de cajas de frutas es la descripción exacta— continuaban las consignas. En un momento de silencio, se escuchó la voz de las hermanas.

—¡Y no queremos ventanas de abecedario! Hemos leído que queman fácilmente y son tóxicas. Que apunten eso, Julián.

Y el chaval bajito asintió con la cabeza y apuntó en un papel la petición.

Ante la extrañeza de las brigadas internacionales —ocupantes del microbús—, Munia aclaró que se trataba de PVC; al parecer, las gemelas lo llamaban así, nunca lograban acordarse de su nombre. Arreciaron entonces los gritos contra el PVC y materiales no autóctonos.

Un sonido, que era una voz, pero no parecía serlo, aunque lo era —ustedes me entienden y de no ser así, esfuércense un poco, dada la dificultad de poner orden y palabra a este relato de hechos ciertos, pero difíciles de contar—, repetía sin cesar:

—¡Alcalde, cabrón, da la cara, sal al balcón!

Y la multitud, es un decir, lo jaleaba.

Sandra Montoro no pudo reprimirse.

—¡Anda la leche! ¡Es un cuervo!

—Es Roque, nuestro Roque.

El muchachote, Amalio, que era perseguido en el pueblo por su homosexualidad manifestada y manifiesta, mostraba su satisfacción con la mirada. Él había adiestrado al cuervo en el hermoso oficio de manifestante por causas justas.

Roque continuó profiriendo gritos de protesta —de nuevo es un decir—, mientras Munia repartía octavillas a todo el que se acercaba. Cuando los gritos se hacían más fuertes, cuando Roque repetía una y otra vez sus frases, aparecieron las fuerzas del orden. Y en ese momento se abrió el balcón central de Ayuntamiento; tan sólo un poco, lo necesario para dejar ver la figura del regidor municipal. Arreciaron los gritos, arreciaron los golpes de cacerola.

—¡Especulador! ¡Sinvergüenza! ¡Y dices que eres de izquierdas! ¡Maleante! ¡Bandolero!

El alcalde no tuvo freno. El balcón se abrió de par en par y, señalando con el dedo acusador hacia Amalio, exclamó:

—¡Maricón! ¡Más que maricón! ¡Me acusa un maricón!

Hízose el silencio durante unos segundos, hasta que la voz de Sandra Montoro se dejó sentir:

—¡Y la vidente, cabrón y la vidente! ¡Que se te olvida la vidente! ¿No te llamarás Julián? ¡Ale, que salga tu folclórica, que es lo que me falta por ver aquí!

Y las risas rompieron el conato de tensión y mala leche por parte de los manifestantes.

Las brigadas internacionales disfrutaban. Ni en *La escopeta nacional* pasaban aquellas cosas, pensaba Aurora. Marcela se había puesto el pañuelo del cuello en la cabeza, cual burka, intentando pasar desapercibida. Hasta el momento, nadie la había reconocido, ni los concejales conservadores que tímidamente —por falta de costumbre— se manifestaban ante el consistorio.

—¡Al prado de los milagros! ¡Vamos todos al prado de la Virgen!

Munia gritaba la consigna y Mónica miraba cómo los manifestantes, seguidos de las cámaras de televisión, se encaminaban a un destino que ella desconocía.

Las gemelas comenzaron a cantar y todos seguían el canto. Munia explicaba algo a Constanza, que comenzó a reírse sin control. Mónica no entendía nada, casi nadie entendía nada, sólo escucharon cantar a las gemelas Visitación y Consuelo:

—*La Señora de los Cielos ha caído con buen pie, la Señora de los Cielos que nuestra madre es, ha venido a redimir la culpa de los ciempiés; los sapitos croan alegres, las mariposas bailan y la señora de los Cielos canta a coro con nosotros.* ¡Todos! ¡Cantemos todos! *La Señora del manzano es la salvadora eterna, la Señora del manzano hará de la maldad, bondad. La Señora del manzano ha venido para echarnos una mano...*

—Aurora, ¿quién es la señora esa?

—Ni idea, Marcela, pero hacía años, muchos años, que no me manifestaba tan a gusto: es una causa justa y encima lo hacen surrealista, anda, vamos.

Marcela siguió al grupo con la pañoleta metida por la frente y la cabeza baja. Seguidos por las fuerzas del orden, llegaron a un paraje alejado del Ayuntamiento; fuerzas del orden que, en ocasiones, provocan el desorden a fuerza de chulería. Policías municipales vestidos cual hombres de Harrelson. El alcalde del pueblo había intentado ser militar y disfrazaba a sus municipales como si de fuerzas de choque se tratase.

Caminaron por la hierba, rodeados de manzanos. Las

gemelas encabezaban la comitiva. Al llegar a un árbol en mitad de la finca, se dejaron caer de rodillas. Con las manos juntas, con las manos unidas en actitud de oración, las gemelas comenzaron a moverse de un lado a otro; giraban el tronco, giraban el cuello como si estuviesen a punto de descoyuntarse.

—Derviches católicos arrodillados, la primera vez que lo veo, Mónica. *Los jueves, milagro...* ¿Estás grabándolo?

—Sí, Sandrita. Lo grabo y no doy crédito a todo esto. No sé cómo terminará ni sé qué están haciendo, pero en mi vida había visto algo como lo que estamos viviendo hoy.

—¡La Señora! ¡La Señora!

En el momento en el que alguien gritó las palabras, las gemelas comenzaron a hablar con una voz gutural que ni en las películas de miedo.

—He venido a manifestaros que las tierras son santas, sagradas; he venido a deciros que quien termine con la tierra —con ésta en particular—, estará maldito por Dios para la vida entera, incluida la eterna; he de dejar claro este punto para que cuando —quien sea, no señalo a los constructores, ni al alcalde— esté en las calderas de Pedro Botero, no diga que no lo había avisado. Que nadie toque la tierra de las hermanas López Monteserin o se va a acordar de lo que es el infierno...

—¡Basta ya de tonterías!

Un cura avanzaba por el prado, un cura remangando la sotana caminaba a paso de carga hacia las hermanas López Monteserin, las gemelas...

—¡Esto es idolatría! ¡Herejía! ¡El señor Arzobispo me ha llamado esta mañana, estas ridículas manifestaciones herejes han de terminar!

—El señor Arzobispo que diga misa, don Carmelo...

—Munia, ¿cómo te atreves? ¡Hablar así de su Excelencia!

—¿Será porque es hermano de mi madre, don Carmelo? A lo mejor por eso. Y yo veo las apariciones y escucho la voz, al igual que las hermanas y el resto de nosotros, yo veo una figura vestida de blanco en el manzano. ¡Lo juraré en donde sea, señor cura!

Los manifestantes comenzaron a gritar que todos jurarían que veían las apariciones marianas.

—¡Tú eres atea, Munia! ¡Siempre lo has dicho! ¡Que aquí nos conocemos todos!

—Nunca he sido atea, en todo caso, agnóstica, señor cura. Y más valor tienen estas apariciones: me han devuelto la fe...

—¡Insensata! ¡Esas cosas no suceden, no te burles de la Iglesia!

—Don Carmelo, no seré yo quien me burle, pero con toda humildad, recordarle al señor cura que, en este país, tenemos una princesa que, hasta pocos meses antes de la boda, era atea y se obró el milagro. No va a ser un cura de pueblo más sabio que la Conferencia Episcopal. ¿O sí? En todo caso, señor cura: si París bien valió una misa, si un Príncipe vale otra, con más razón valen misas y apariciones para luchar contra el robo, la especulación y los bandoleros. Puede que mejor fuese que usted no acudiese al palacio del indiano tan a menudo, don Carmelo. A lo mejor, la Virgen se le manifestaba con más frecuencia.

Salió el cura del prado entre improperios de los manifestantes y, cuando todo parecía volver a la normalidad, las fuerzas del orden invadieron la propiedad privada de las hermanas Visitación y María Consuelo López Monteserin.

Castaño observaba la escena sentado en un muro. Marcela Orellana, su Marcela Orellana tapada cual mora de Larache. Y con el negro. El general Orellana estaba mejor muerto. Un hombre de principios que había educado a Marcela en la disciplina castrense. Marcela terminó saliendo a la madre, que un buen día se fugó con el capellán del regimiento. La sangre, la mala sangre, termina pudiendo a la buena; la cabra —en este caso, Marcela— siempre tira al monte. Masticaba una manzana y miraba a su Marcela. Pensar que él mismo había pedido el puesto de escolta, acudiendo presto a la llamada de Marcela y renunciando a un destino más tranquilo. Antes de ingresar en el cuerpo, estuvo al servicio del general Orellana y de Marcela; de niña, la había cuidado en África y, después, en la Madre Patria. Y terminaba saliendo rana Marcela. Una voz sacó a Castaño de sus pensamientos profundos. Vio al enano enfrentarse a un guardia. Ojalá le diesen dos hostias, así aprendería.

Ignoraba Castaño que los malos pensamientos pueden volverse contra quien desea el mal a su prójimo.

—Esto es una propiedad privada. ¡Fuera de aquí!

El cabo de los municipales empujó a Julián y el chaval quedó sentado de culo en la hierba. Munia gritó:

—¡Al suelo! ¡Resistencia pacífica, todos al suelo! Y sosteniendo la enseña —bandera-trapo multicolor inventada por ellos para la ocasión— se tiró al suelo.

Julián se levantó, con muchas dificultades, pero se levantó.

—¡Menos sumisión, Munia! ¡Praos o muerte, venceremos!

Y al grito, a la frase revolucionaria, unió el chaval pequeño de estatura, pero no de moral ni valentía, una carrera que frenó contra los huevos —testículos si se desea precisión en el relato— del cabo de las fuerzas del orden.

Cayó el cabo doblando la testuz, de rodillas y gritando; cayó Julián de culo de nuevo y cayeron las porras sobre los cuerpos de los manifestantes. Juan Micó se resistía a la autoridad, según Castaño, que disfrutaba con la escena; Sandra grababa con la cámara de Mónica los palos de unos —los malos, las fuerzas del desorden defensoras del capital— y las patadas de otros —los buenos, contrarios a la especulación—; Aurora recordaba sus buenos tiempos de revolución y se revolcaba por el suelo dando mucha guerra a los guardias, que querían arrastrarla fuera del prado; Mónica corría a proteger a Constanza y Marcela, en un intento desesperado de ayudar a Mónica, resbaló en la carrera sobre una boñiga de vaca. En el momento en que intentaba levantarse, un guardia la agarró por una manga del jersey. Marcela pegó una patada al guardia, el guardia dio un meneo a Marcela y, en ese momento, una voz —la de Marcela— rasgó el aire:

—¡A mí, la Legión! ¡A mí, la Legión!

Castaño, que miraba cómo tres guardias arrastraban a Micó, no se había preocupado de Marcela. El grito lo sacó del papel de jefe del Klu Klux Klan de Atlanta. Alguien, un legionario, pedía ayuda. A la vez que Castaño, dos hombres que miraban el espectáculo desde el muro, escucharon la llamada de ayuda y, al segundo grito, vieron de dónde provenía. Tres fuerzas de la naturaleza, tres hombres convertidos en seres diabólicos —a ojos de las fuerzas del desorden—, tres hombres convertidos en guerreros ninja, samuráis, o más exactamente en legionarios, atravesaron el trecho que los separaba de Marcela a golpe de mandobles y puñetazos y la rescataron —entiéndase que es un decir—. La ex ministra de defensa se levantó, con la cara llena de barro y de satisfacción. Millán Astray habría estado orgulloso.

A la voz de: ¡A mí, la Legión!, sea en donde sea, acudirán todos y, con razón o sin ella, defenderán al legionario que se encuentra en peligro...

—Caballeros legionarios, gracias...

Sandra Montoro musitó: *Beau Geste...*

Y Marcela, metida de lleno en su papel, cual Alfredo Mayo, continuó la arenga.

—¡La enseña, Castaño! ¡Hay que rescatar la enseña!

Y Castaño, en estado de trance de gloria militar, cantando *¡Viva España, valientes hermanos! ¡Viva la Legión! ¡Legionarios a luchar! ¡Legionarios a morir!* y seguido por los dos caballeros legionarios surgidos de no se sabe dónde, acometió el rescate de la enseña —de nuevo es decir—, del trapo multicolor que en poco se parecía a la enseña gualda y roja. De seis golpes de mano, arrebataron los intrépidos legionarios la bandera de manos de un municipal. Y arrearon varios puñetazos a otros policías locales que no midieron lo que pueden ser tres legionarios enfurecidos.

Poco dura la alegría en casa del pobre y del legionario —circunstancias que, por lo general, van unidas— y ese día no fue una excepción. La Guardia Civil sustituyó a las fuerzas de los municipales —sicarios, en lengua precisa— y trasladó a los insurrectos al cuartelillo.

Como no podía ser menos, el camino lo hicieron entre himnos militares. Llegados a este punto, señalar lo rara que es la vida de los humanos: Munia, Julianín y hasta los dos amantes homosexuales seguían a voz en grito el canto marcial de Castaño y compañía. Lo que demuestra que, o bien se cantan himnos y se defienden enseñas sin saber lo que se canta o se defiende, o que el credo de Millán Astray continúa vigente y que, ante situaciones de peligro, lo militar une mucho.

No será este relator quien dé opinión al respecto.

Nadie en el tercio sabía quién era aquel legionario, tan audaz y temerario que a la legión se alistó, nadie sabía su historia, mas la legión suponía que un gran dolor le mordía, como un lobo, el corazón. Cuanto más rudo era el fuego y la pelea, más fiera defendiendo a su bandera el legionario avanzó y, sin temer al empuje del enemigo exaltado, supo morir como un bravo y la enseña rescató. Cuando al fin le recogieron, en su pecho encontraron una carta y un retrato de una divina mujer. Aquella carta decía: si algún día Dios te llama, para mí un puesto reclama, que a buscarte pronto iré. Y en el último beso que le enviaba su postrer despedida le consagraba... ¡Por ir a tu lado a verte, mi más leal compañera, me hice el novio de la muerte, la estreché con lazo fuerte y su amor fue mi bandera!

Siguió al *Novio de la muerte*, *En el Pozu María Luisa*, que por algo estaban en tierra minera. Castaño se imaginaba con su

Medalla del Sahara, Zona de Combate; veía colgando de su pecho la Cruz del Sur y, sobre ella, la Media Luna y la estrella de cinco puntas; el trance le duraba más de lo debido a Castaño.

Y cantando con entusiasmo *mientras queden milicianos, los moros no pasarán*, en un popurrí musical que dejaba patente que la reconciliación nacional era un hecho, llegaron a la entrada de lo que uno de ellos llamó presidio...

Reunidos los cabecillas en un patio, el comandante de puesto se dispuso a proceder a la identificación de cada uno de ellos.

—Doña Visitación, doña María Consuelo, que ya estamos mayores todos para estos lances. Por qué se meten en estos líos, señoras...

—Señor comandante de puesto, nosotras sólo rezábamos, los malos fueron ellos, que entraron en nuestra propiedad...

—Visto así, tienen ustedes un poco de razón. Sólo un poco. Bien, ale, a casa. Tú también, Munia, y tú, Julianito, que si mides un poco más, terminas con todo un ejército, hijo.

—¡Eso es discriminatorio, padre! ¡Me estás dejando mal delante de todos, coño!

—¡A casa, Julián! ¡Y sin discutir, que haber cómo explico yo al coronel todo esto! ¡Que me has salido bajo, pero matón, y ya me están cansando estas ínfulas revolucionarias tuyas!

—¡Gutiérrez! ¡Deja al niño de una vez! ¡Vergüenza tendría que darte! ¡A mí me quitan esos mafiosos dos prados y el único que nos defiende el patrimonio es Julián!

—Buenos días, señora comandanta, encantadas de verla.

—¡Lo siento, lo siento mucho, Visitación y María Consuelo! Vengan conmigo, todo esto es por culpa del alcalde, mi marido no hace más que cumplir órdenes, vengan que tomaremos un café.

Las brigadas internacionales escuchaban, miraban y no entendían. Nada.

—Esto es una película de Berlanga, seguro que ha comenzado a rodar de nuevo y no nos hemos enterado; hay cámaras ocultas, estoy segura de ello...

—No, Sandra: es España. Jamás cambiará... Es España...

Miguel miraba a Mónica, a una Mónica despelurciada y con la cara sucia, que enganchaba a Sandra por el hombro mientras le respondía; Constanza no se dejaba abrazar: tenía a Letizio.

Castaño se ocultaba de la vista de todos, buscaba un lugar por el que fugarse, tenía que hacerlo.

—¡A ver, que el negro de un paso adelante para la identificación!

Ya la entamamos, Gutiérrez, pensó Castaño, cuando el capitán de la Guardia Civil pronunció la palabra negro. Y tuvo razón.

Marcela Orellana salió del estado lamentable en el que se encontraba —la suciedad de la cara, del pelo y de la ropa continuaba en su sitio, pero el cerebro despertó de golpe:

—*Benemérito Instituto, guarda fiel de España entera, que llevas en tu bandera el lema de paz y honor.* ¿Se le ha olvidado el himno, capitán? ¡Pues a recordarlo! ¡Que si el Duque de Ahumada viviese, le exigiría la corrección debida en el trato a un ciudadano! ¡Tú no te muevas, Juan, que se va a enterar éste!

Gutiérrez, el capitán Gutiérrez, comandante de un puesto en el que no había mayores problemas que riñas entre vecinos y alguna que otra borrachera, se estaba cansando. Una cosa eran su hijo Julián, Munia y los maricones o las dos viejas chochas y otra, la gente aquella de la ciudad; no conocía a ninguno de ellos. Y la desarrapada aquella, la rara aquella, se dirigía a él de una forma imperiosa, como si fuese un general de brigada. Se le había escapado lo de negro, pero no era para tanto.

—¡Un respeto! ¡Identifíquese! Y pido disculpas al negro: no era con intención de molestar.

—¡Y dale con negro! Marcela Orellana de Salcedillo. ¡Diputada! ¡Ex ministra de Defensa del Reino de España! ¡Y a cuadrarse para hablar conmigo!

Gutiérrez miraba a la mujer, horrenda visión: sucia, despeinada. Una impostora. Marcela Orellana...

—¡Me cago en todo! ¡Ya está bien de idioteces, la documentación o aquí termina pasando algo! ¡Cabo! ¡El que no se identifique, al calabozo! Marcela Orellana... ¡Y yo el general Orellana, no te jode!

—Gutiérrez...

El capitán se disponía a dar media vuelta, se disponía a irse a casa a ver a su Julianín y a las visitas. Si los municipales le habían hecho algún daño al chaval, ya les arreglaría las cuentas. La voz que en un susurro pronunció su nombre hizo que se detuviese.

Otro desarrapado estaba caminando hacia él, otro de aquellos agitadores de ciudad. Pronunció la figura de nuevo su nombre, mientras se limpiaba la cara con la manga de la camisa.

—¡Castaño! ¿Qué te ha pasado? ¿Qué haces aquí?

—Soy el escolta de la niña; de doña Marcela, Gutiérrez; es Marcela Orellana de Salcedillo, Gutiérrez. Difícil de creer, pero es ella...

Para no extender el relato, sepa el lector que los supuestos conspiradores de ciudad regresaron a la casa de Munia escoltados por la Guardia Civil, entre disculpas del capitán Gutiérrez, que maldecía su mala suerte.

Llegó la noche y todos se encontraban alegres, contentos y algunos, contusionados. Sandra, entusiasmada, decía tener material para cuatro novelas como mínimo. Marcela estaba contenta, pese a los contratiempos, decía que no le importaba lo que su partido pudiese opinar, gritaba que hablaría con las cadenas de radio y televisión y contaría la verdad de lo que sucedía en aquella villa.

—Tía Marcela, me parece bien, pero nosotros, tú y yo, hemos venido a contarle algo a mamá, recuérdalo.

—¡Sí! Es cierto, Mónica, se me había olvidado: estamos embarazadas.

Mónica se atragantó con el humo del cigarrillo y dio por no escuchada la frase.

—Estás embarazada, quieres decir, Marcela.

—Sí, y Gertrudis lo mismo, Mónica. Eso habíamos venido a decirte.

—¡Constanza! Haz el favor de llamarme bien, Marcela. Yo también estoy embarazada, mamá. Letizio y yo queremos tener este niño. Lo he pensado mucho y quiero tenerlo. Nos casaremos dentro de una semana, si no te parece mal.

—¿Lo sabe tu padre?

—Sí, se lo he dicho a él antes porque tú no estabas en Madrid y no quería decírtelo por teléfono, mamá. Creo que está contento, mamá. No se ha enfadado ni ha gritado.

—Se está haciendo moderno... ¿Y tus estudios? ¿Qué va a pasar con tus estudios, Constanza?

—Señora Mónica, ella continuará estudiando; yo tengo mi trabajo y ella terminará su carrera. Constanza no quiere trabajar y yo me alegro; yo cuidaré de ella y ella del niño. Es lo que queremos.

—No me llames señora, Letizio: me deprime. Así que tú cuidarás de ella y ella del niño... En fin. Me alegro mucho, hija; me alegro mucho, si es lo que quieres.

Sandra y Aurora escuchaban las voces de madre, hija y yerno. Aurora comentó:

—Constanza, no sé si eso de no trabajar, de quedarte en casa, es buena idea. Puedes compatibilizarlo.

—Aurora, mi hijo no revivirá mi infancia, eso puedo asegurártelo. Y no es un reproche, mamá.

Mamá y amigas no dijeron nada más. Mamá y amigas optaron por el silencio y por cambiar de tema. Mamá, procuró no llorar, Miguel la miraba. Se centraron en los preparativos de la boda. Marcela desbordaba felicidad.

—Yo haré como Constanza, o casi. Como soy diputada, lo tengo menos crudo que el resto de las mujeres: trabajo sólo unos meses al año. Y pienso ir al Congreso con el niño. Juan y yo hemos pensado en casarnos el mismo día que Constanza y Letizio, así será todo más fácil. Tú no tienes que preocuparte de nada, Mónica. Ya hemos contratado a una empresa y está todo resuelto.

Sintieron cómo se abrían varias puertas en la casa y vieron cómo se abría la del salón. Las sorpresas no tenían límites aquel día. Fidel Casaprima, el ex marido de Mónica, el padre de Constanza, estaba parado en la puerta.

Tras los saludos de rigor, Fidel tomó la palabra, tal que un Jefe de Estado:

—He venido desde Madrid a decíroslo yo en persona. Regreso de inmediato, esta misma noche. Pero he querido decíroslo yo mismo: nadie publicará ni una palabra sobre lo sucedido hoy aquí. Nadie lo hará. No habrá imágenes, no habrá audio, no habrá nada...

—Yo te lo agradezco, Fidel, pero a mí me da igual que me vean. Es más: quiero que salga todo lo que ha pasado hoy aquí.

—Querida Marcela: no lo hago por ti. Ni siquiera es cosa mía. Simplemente esto no ha sucedido, simplemente esta noticia no es, no existe. Ningún periódico nacional lo contará, Marcela. Unos y otros estáis manchados de la misma mierda. Todos los partidos de este país tienen las manos sucias, nadie hablará. Una política de tu formación, una compañera tuya, ha hecho que se cambie una parada del AVE, ni más ni menos, Marcela. El tren se detendrá en una superciudad que su marido construye. Pasa de largo por la capital de provincia y se detiene a diez kilómetros, que es en donde está construyendo una mega urbanización. Antes era un páramo...

—¡Papá! ¡Tú eres el director del diario con más tirada de este país! ¡Tú sí puedes hacer que salga!

—Dices bien, Constanza: el director. No el dueño. Los medios tienen amo, hija. Puede que mis amos tengan acciones aquí, puede que las tengan en la urbanización de la compañera de Marcela; puede que todos tengamos amo. ¿Estás conforme, Mónica?

—No, conforme no estoy, Fidel. Pero lo que dices es cierto.

—¡No hay justicia!

—Evidente, Munia, eso es evidente. Hay ley, hay leyes. La ley casi nunca es justa y menos en estos temas. El día que se destapase toda esta mierda, ese día se terminaría el precio desorbitado de la vivienda, ese día se terminarían muchas cosas.

—Cierto, Mónica. Y como los presuntos implicados no quieren que se terminen esas cosas, nadie sabrá lo sucedido hoy en este pueblo. Me casé con una corza que terminó convertida en un ave de presa. Pero eres razonable, eres lista. Ya encontrarás otra guerra, Mónica.

Mónica Aguirre volvió a sentir un desagrado vital, llamado náusea por gente menos fina, cuando escuchó las palabras de su ex marido. Nunca cambiaría, sus tonos podían ser insultantes. Una corza, eso habría querido él que fuese el resto de su vida... No respondió. Sandra sí lo hizo.

—Bueno, Fidel, ya nos has dado la noticia, ya puedes irte. ¿Que nadie va a saber esto? ¿Que nadie lo contará? No estés tan seguro: yo lo haré. Y traducido a varios idiomas, que es mucho más efectivo que un periódico, por mucho que venda, querido. Yo escribiré una novela, Fidel, y la gente la leerá y la gente sabrá de qué lugar hablo, y el pueblo al que tanto utiliza tu amo cuando le conviene, sabrá un poco más de la vida de este país, Fidel. Las corzas son corzas cuando les interesa, cuando no: halcones, Fidel. Así que ya tienes la conciencia tranquila y nosotros la nuestra: la gente leerá lo sucedido aquí, no lo dudes.

Despidieron a Fidel gritos de alegría por parte de Munia, que abrazó a Sandra. Marcela estaba pensativa y triste, pero al menos Sandra tenía una solución. El mundo era una mierda y la política más, pensaba Marcela.

Pensamiento compartido por todos los presentes y millones de ausentes.

Una semana más tarde, Juan y Marcela, Constanza y Letizio se casaron en una ceremonia a la que acudieron amigos y familiares cercanos, con la pompa y circunstancia que da el amor, sin ningún otro añadido. Castaño fue el padrino de Marcela y lloraba al verla casarse con Juan Micó. Lloraba al pensar en el hijo que se avecinaba, un mulato. Por supuesto, todos pensaron que era de felicidad.

Fidel Casaprima mostró su cara más humana ese día. Los malos maridos no son malos padres por definición. Todas las amigas lloraban, menos Anne Louis, que sonreía sin parar.

Munia había contratado una orquestina, y mientras unos bailaban, otros charlaban. De la vida, del amor. Miguel miraba y fumaba.

—¿Ése es el nuevo novio de tu madre, Constanza?

—Papá, no es novio de nadie, es un amigo de Sandra. Tienes cierta manía con eso de los novios de mamá. Nunca le conocí yo un novio, jamás. Así que deja de dar la vara con eso. ¡Ni que estuvieses enamorado de ella!

—¡Dios no lo quiera, hija! Ya tengo suficiente con quererla, si encima estuviese enamorado de ella, sería un martirio.

Miguel pidió una canción a la orquestina y se acercó a Mónica.

—Buongiorno, principessa. ¿Bailas?

Mónica no pudo hablar. Si decía algo, metería la pata, estaba segura. No era el momento ni el día.

Y Mónica no agarró una cámara como quien agarra un fusil; esta vez enganchó el cuello de Miguel y se dejó llevar por la música y la palabra.

—La vida es bella, Mónica. Muy bella. Serás abuela, una abuela llena de vida, llena de proyectos. Te reirás, cuando me encuentres en el portal y yo te diga: permiso... Aún queda mucho por vivir. Y la vida no son siempre guerras ni problemas. Hace pocos días era verano, hoy es casi invierno. Felicidad, agonía, de nuevo felicidad. Eso es la vida: carenarse. Pasar de una estación a otra, carenándonos, limpiar el casco por dentro y por fuera, desprendernos de lo inútil, prendernos lo que merece la pena. Hermosa palabra, sí que lo es, Mónica. Desde el día en que tú la pronunciaste, la recuerdo a menudo.

Y bailando, escuchando aquella voz y la letra de la canción, Mónica comenzó un nuevo capítulo de su vida que, como en la de cualquiera, se renueva cada día...

Carenar.

Strumming my pain with his fingers. Singing my life with his words. Killing me softly with his song. Killing me softly with his song. Telling my whole life with his words. Killing me softly with his song...

NADA TE TURBE

(Fragmento)

Nada te turbe

Nada te turbe,
nada te espante,
todo se pasa,
Dios no se muda,
la paciencia
todo lo alcanza.
Quien a Dios tiene
nada le falta.
Sólo Dios basta.

TERESA DE JESÚS

Unos brazos la envolvían dentro de un mar verde como el trigo verde. Un hombre moreno de ojos verdes, seguro que como el trigo verde, la arrastraba hacia la arena besándola, y ella se reía. En la playa, bandejas de limones del Caribe, limas, brevas, higos chumbos, piñas, papayas, melones, cerezas, rodeaban unas hamacas mullidas bajo un toldo de lino blanco. Tres negros mandingas, enormes, con un trozo de tela atado a la cintura, un trozo de tela muy pequeño, escaso, esperaban con una toalla, un vaso de zumo de lima y un peine de carey. Agitó los cabellos. Dejó que envolviesen su cuerpo en la toalla y la peinasen.

El moreno de ojos verdes cogió una lata con refresco de cola y la llevó a los labios ardientes que la habían besado. Unas gotas del refresco se deslizaron por su pecho, y ella las siguió con la mirada, turbia, arrebatada, hasta la cinturilla del bañador. Las gotas entraron justo por el nacimiento del Nilo, el bañador era un enorme mapa de África, y en ese momento ella dijo: Roberto, amor, me gustaría comer aquí... Y él le había contestado: Sí, cielo, no hay problema... Y la había besado antes de caminar por la playa, entre cocoteros, meneando las caderas. Moviendo aquel culo precioso y sin una gota de grasa. Un culo que reposaba en unas piernas largas, morenas, prietas... Caminaba al ritmo de *Stand by me*. ¡Y cómo caminaba y cómo se movía...! Qué bueno era Roberto. Era un amor. La quería tanto. Haría cualquier cosa por ella, sólo tenía que sugerir y él la entendía a la perfección...

¡Catalinaaa! El grito fue seguido de un portazo y el portazo de más ruidos. Catalina Béjar pegó un respingo en la cama, arqueó la espalda, y sin saber cómo, de repente, como en un ataque brutal de algo raro, estaba sentada encima del colchón. Con una taquicardia feroz; con el corazón latiendo desesperadamente.

No había negros de muslos prietos y largos. No estaba el hombre del bañador con el nacimiento del Nilo. No había playa. No había nada. Tenía el pelo seco, y no estaba medio despelotada con aquel biquini color naranja de Wolford. No. Llevaba su pijama de raso rojo, muy pero que muy tapado, muy masculino.

Los pies no tocaron arena. Era lana. Alfombras de nudo español para ser exactos. En la puerta había un hombre. Le hablaba de algo que a ella le sonó a contrato. Era un hombre grande, muy pero que muy grande. No estaba en bañador. No. Vestía un traje gris, camisa de color fresa y una corbata en tonos azules, de Loewe. Zapatos de cordones. Tenía el pelo cano. Gafas de diseño, parecían de titanio. No era feo, no estaba mal, pero desde luego aquél no era Roberto. Claro que ella no conocía a Roberto de nada, creía.

El hombre de la camisa de color fresa entró en la habitación diciendo:

—¿No te da vergüenza? ¡Son las nueve de la mañana y estás en la cama! ¡Catalina! ¡Hace horas que el país trabaja y tú estás ahí metida! ¡Despierta de una vez, necesito los contratos!

¿Contratos? El ruido de la persiana al subir con fuerza, la ventana abriéndose con furia, el aire frío entrando en la habitación, dejaban cada vez más claro que aquello no era el Caribe.

Reconoció a su marido. Era él. Sí. Hablaba de contratos, de papeles, y ella no quería saber nada de eso. Ella no tenía que estar allí. Ella estaba en la playa.

La realidad se impuso de una manera casi placentera. Antonia traía la bandeja con un buen desayuno. Le pidió que esperase un momento. Entró en el baño. Se lavó los dientes. Regresó a la cama, dobló la almohada y volvió a sentarse. Se tapó y comenzó a beber zumo de naranja, después un mordisco a la tostada y tomó unos sorbos de café.

Entre sorbo y mordisco, conservando la calma, repetía:

—Los contratos están en el despacho *(nada te turbe)*. Al notario se los llevé ayer *(nada te espante)*. Los inquilinos están avisados *(todo se pasa)*. Ya está todo resuelto, Luis.

Luis se levantó del sillón de oreja, la besó en la frente, y sin más frase que: «Pasa un buen día, hoy no vendré a comer», salió por la puerta de aquel dormitorio estilo británico tan poco parecido a una cabaña caribeña.

Dejó la bandeja en la cama, regresó al baño, volvió a lavarse los dientes. Se cepilló el pelo. Se quitó el pijama y se metió en la ducha. Sacó la lengua para probar el agua que caía sobre su cara: no era salada. Bueno, podía estar en una catarata de esas que salen en los anuncios. Ya estaba allí. El agua caía saltando por las piedras. Plantas enormes crecían alrededor de la laguna que formaba el agua al caer. ¡Y estaba caliente! Odiaba el agua fría. Era una laguna de aguas sulfurosas, seguro. Y ella nadaba completamente desnuda. Tranquila, saliendo y entrando para ver las plantas que crecían en el fondo. Nadaba entre matas de plantas suaves que la acariciaban como si fuesen manos, de Roberto suponía. Flotaba en el agua, verde por supuesto, sin esfuerzo. Agua tranquila y silenciosa; sólo el ruido de la cascada, el rumor de un poco de brisa, la justa, y el canto de algún pájaro...

—¡Mamáaa! ¡Antonia no me planchó la camisa de color pistacho y es ésa, precisamente ésa, la que me quiero poner para salir a pasear al perro!

Su hija, ¿qué hacía allí su hija? ¿Qué estaba haciendo allí el forúnculo aquel? No había laguna. No. Estaba en la ducha, en la bañera. Ahora recordaba: no había clase. Por un motivo de lo más ridículo, seguro, ella, la nena, no tenía clase y estaba en casa.

Salió de la bañera, se envolvió en el albornoz y la besó. Su hija retrocedió diciendo:

—Oye, déjame, no soy un oso amoroso, todo el mundo se empeña en pensar que soy como un oso amoroso.

No cedió a la tentación de comentar: Sí eres como un oso, guapa, das zarpazos. Y para no parecerte tanto a semejante animal ¡deberías depilarte el bigote! No hizo eso, fue agradable.

—Buenos días, nena. ¿Cómo estás hoy?

—¡Mal! ¿Cómo voy a estar? ¡No tengo mi camisa! Y ayer esa burra de Carmen Morales se pasó conmigo porque dice que no tengo novio. ¡A ella qué le importa si lo tengo o no lo tengo! Mira, mamá, la gente se pasa un montón con eso...

¡Mamá, la había llamado mamá y no Catalina, era un logro tremendo!

—Y la tía dice —la tía, mi hermana, esa perturbada, a ver qué dice ahora— que es porque esa Carmen no es decente, que yo no me preocupe; no tengo novio por ser decente. Y es mejor ser decente que tener novio...

Dicho esto salió del baño sin escuchar cómo Catalina Béjar murmuraba:

—Cristina es idiota, cada día está peor; un poco de indecencia no está mal nunca... Y cómo se atreve a dar lecciones de decencia, precisamente ella...

Mejor que la nena no la oyese, mejor.

Terminó de arreglarse el pelo, se vistió de ejecutiva, supuestamente ella era eso, y caminó a la cocina para ver cómo estaba la comida. Antonia estaba planchando. Tenía la plancha encima de la tabla. Era una plancha pesada, cara, carísima, de profesional. Hacía meses que Catalina advertía:

—Esa plancha el día menos pensado terminará en el suelo y me dará algo.

Antonia respondía:

—¡No, que no! ¡Que no cae! ¡Ya está bien de decirme cómo tengo que hacer mi trabajo! ¡Ya está bien! ¡Marcha de la cocina, vete a lo tuyo! ¡La plancha no cae, coño!

Normalmente optaba por salir de la cocina. Pero en ocasiones se imponía como un coronel de la legión y recordaba quién ostentaba el mando. Y todos se ponían firmes... durante un segundo. Ese día no dijo nada. Fue hasta el fregadero para beber un vaso de agua. Misión imposible. Estaba lleno de cacharros y ella había recogido todo el día anterior. Cuando se disponía a decir que aquello era una vergüenza, que no podía vivir en aquel desorden, ocurrió lo inevitable.

La nena abrió la puerta de la cocina, y como a cámara lenta, ella, Catalina Béjar presenció el desastre desde otra dimensión. La nena gritó: «¡La plancha!». Y corrió hacia ella. Catalina vio cómo la plancha se deslizaba hacia el suelo. Cómo en la caída arrastraba el enorme depósito de agua al que estaba unida. Cómo su hija intentaba cogerla en el aire. Escuchó unos gritos despavoridos.

—¡No la cojas, déjala!

Era su voz. Catalina Béjar estaba gritando.

Antonia, cual esfinge, no se había movido de donde estaba. Presenciaba la caída en silencio, sin moverse. La nena, que era bruta como un mulo, paró en seco. Con cara de susto. Y al final, la plancha y el depósito se estrellaron contra el suelo. Saltaron piezas, tronó el metal contra la baldosa, y un silencio denso ocupó la cocina durante unos minutos. Las tres se miraban. A la plancha. A las caras y a la plancha otra vez. La nena habló:

—¿Se puede saber por qué gritaste? ¿Por una plancha? ¡No era para tanto, Catalina!

Volvía a ser Catalina. Ya no era mamá. No se molestó en explicar las treinta mil pesetas que costaba la plancha. Ni unas manos. Las manos de una hija, el dolor de una quemadura en las manos de la nena no tenía precio. Para ella una lágrima de la nena, una herida en la carne de la nena, era un puñal en el pecho. Pero no lo dijo. Para qué.

Salió de la cocina diciendo:

—Tenía que pasar *(Dios no se muda)*. Antonia, lleve la plancha ahora mismo al taller *(la paciencia todo lo alcanza)*. Deje de intentar arreglar nada usted y llévela. ¡Ya! ¡Al taller! *(quien a Dios tiene nada le falta)*. Y tú, vete a estudiar, nena.

Eran las diez de la mañana y un minuto.

Caminó por la calle pensando. En realidad no quería pensar. Pero era una manía tonta la suya. Pensaba siempre. Entró en la agencia de viajes, tenía que pagar unos billetes. Un viaje de Luis y la nena. Y tenía que recoger los suyos, se iría dentro de dos días. Al entrar, la encargada la saludó con un buenos días un poco seco. Le extrañó.

—Catalina, no sé qué clase de gente tienes en el despacho; ayer te llamé para decirte que el hotel que querías no puede ser. No hay habitaciones libres. No me llamaste.

Las diez y veinte minutos. Era esa hora.

—¿Sí? ¿Llamaste? ¡A mí no me dijeron nada! ¿Qué quieres que haga? ¿Que los despida? ¿Que les pegue? ¿Que los mate? ¡Yo ya no puedo hacer más! ¡No, no puedo!

Había levantado el tono de voz un poco más de lo necesario. Mientras decía aquello había sacado la Visa Oro de la cartera, la había lanzado a la mesa de aquella pobre mujer que ahora la miraba asustada. Un cliente, que ocupaba otra mesa de la agencia, la observaba. Era un hombre mayor, con cara de simpático.

—¿Sabes qué quiero? ¡Quiero que me mantengan! ¡No quiero ser tan lista! ¡Quiero ser una barbie! ¡Porque a las barbies las mantienen! Y ellas no se preocupan de nada. ¡Quiero que esta Visa no sea mía, que no esté a mi nombre! ¡Quiero un hombre que me dé una Visa Oro y que me diga: compra lo que quieras, nena! ¡No quiero trabajar fuera de casa! ¡Quiero estar todo el día aburrida, pintándome las uñas de los pies y leyendo revistas de cotilleos, en mi casa! ¡Quiero salir en esas revistas! ¡Que me lleven a cenar y a bailar! Eso quiero. ¿A que usted me comprende, señor? ¡Es que no es vida! Esto no es vida.

Firmó el recibo y salió de la agencia de viajes dejando detrás unas caras más que sorprendidas.

Mientras caminaba hacia el despacho pensó qué poco le servía releer a santa Teresa. Tendría que volver a empezar con más calma.

Pasó junto al banco, iría en otro momento, no tenía fuerzas para explicar una vez más cómo quería que le diesen los extractos. Ya iría al día siguiente. Llegó al despacho, saludó.

—¡Buen día!

Mariana respondió:

—La red de los ordenadores no funciona. A las doce tienes reunión con don Obdulio. La señora Ferrer quiere saber cómo va su testamento. A las dos tienes que estar en la peluquería y por la tarde reunión de la ejecutiva de ese partido tuyo.

Catalina Béjar sólo prestó atención al asunto de la red. Lo otro podía esperar.

—¿Llamaste a Eduardo para decirle lo de la red?

La respuesta fue como casi siempre:

—Sí, pero no me hizo caso.

Catalina no cedió a la tentación de exclamar: *Jamás excusarse sino en muy probable causa*. Pasó ante Alejandro García, uno de los economistas del despacho, y esta vez se limitó a decir hola. Él se apartó de su camino, era muy joven. Uno de esos «bobos» de corbata, que al final no saben descolgar ni el teléfono correctamente. Alejandro ya estaba aprendiendo a distinguir los tonos de Catalina Béjar. Y el de ese momento encendía una luz roja que aconsejaba una cierta distancia.

Entró en su despacho, descolgó el teléfono; siempre marcaba ella, pues hacer esperar a la persona a quien llamaba, le parecía de horteras. Una voz respondió:

—Todos los teléfonos de esta provincia han pasado a tener nueve números...

Colgó de golpe, dijo algo en voz baja y volvió a marcar; esta vez con todos los números requeridos.

—Buenos días, TATO Informática: ¿dígame?

—Buenos días, soy Catalina Béjar. La red de mis ordenadores no funciona, y es la cuarta vez en esta semana. Desde que la reinstalaron no funciona. Quiero hablar con Eduardo.

La voz cantarina al otro lado del teléfono comenzó a explicar, alegremente, que Eduardo estaba en Hacienda, resolviendo unos temas personales. No duró mucho tiempo. Catalina miró el reloj y, respirando profundamente, susurró:

—Señorita, no quiero parecerle maleducada, ni desagradable, ni nada extraño, pero ¿y eso a mí qué me importa? *(nada te turbe)*. Es hora de trabajo, mi despacho está parado *(nada te espante)*. Localice a Eduardo, dígale que me llame inmediatamente. No, mejor que venga inmediatamente *(todo se pasa)*. Le recuerda que aún no le he pagado. Y que tengo pendiente un pedido de la otra empresa —el dinero de Luis imponía— por importe de cuatro millones de pesetas. Y que no firmaré el pedido si no se presenta en diez minutos, ¿lo ha entendido? Buenos días.

Mariana dejó el café sobre la mesa. La miró.

—Yo no puedo hacer eso, ¿no lo entiendes?

Ella no hizo ni caso. Puso música a todo volumen y comenzó a repasar un expediente.

A la una y media salió del despacho. La peluquería no la relajaría mucho, pero tenía que ir. Odiaba las peluquerías. Mientras lo estaba pensando, tropezó con su madre, María del Prado. Se besaron educadamente y Catalina la invitó a tomar un vino; tenía tiempo y quería hablar con ella. Sentadas en una terraza hablaron durante unos minutos del tiempo, de la nena, hasta que Catalina encontró la fuerza necesaria para decir:

—Quería hablar contigo, comentarte algo; es que estoy mal, mamá. No sé qué va a ser de mi vida, yo no quiero esta vida. Voy a cumplir cuarenta años y quiero otra cosa...

María del Prado preguntó:

—¿Has terminado de hacerte la víctima?

Y sin esperar respuesta habló.

—A mí no me engañas, hija. —Ella no sabía en qué estaba engañándola, pero mantuvo la compostura—. Eres rara e inconformista desde que naciste. Quieres tenerlo todo. Y no sé para qué me preguntas nada, nunca me haces caso...

—Es una opinión, mamá, sólo te pido una opinión, un consejo. Los consejos se escuchan, después uno hace lo que le parece, que unas veces coincide con el consejo y otras no. ¿Lo entiendes?

—Por supuesto que lo entiendo, Catalina, no soy idiota. Deja de repetir eso a cada momento. De todas formas esto es igual que aquel día que me pediste consejo sobre los sofás de tu biblioteca —ella estaba hablando de su vida y su madre le hablaba de sofás—: al final compraste los que te gustaban a ti. Como siempre, no me hiciste caso y ahora te arrepientes, seguro que te arrepientes; son horrendos...

Comenzó a pensar en La Habana, era lo mejor. Así no reñiría con su madre. No volvería a contarle nada, eso haría. Se despidieron con otro educado beso. En la peluquería, Juan se empeñó en decir que necesitaba unas mechas, pelo más claro, otro corte. No tenía ganas de discutir. Ni fuerzas. A las cuatro salió de nuevo a la calle. Recordaba a Linda Evans, en el color del pelo, sólo en eso. Parecía un personaje de folletín televisivo. José Luis González, uno de los abogados del despacho, un hombre tranquilo, confirmó sus temores. La mirada no tenía desperdicio.

Mariana movió la cabeza y dijo:

—Antonia al teléfono, está gritando.

Caminó hacia el teléfono arrastrando los pies; al descolgar no escuchó la voz de Antonia. Era Manolo, el fontanero.

—Oye, Catalina, esta tía que tienes en casa está loca. Es una maníaca...

Por un momento pensó que Antonia habría intentado seducir al fontanero; no la veía en el papel de seductora, pero la vida era extraña. Manolo continuaba hablando.

—No limpia nunca el fregadero y tengo que cambiar todo. Hasta el sifón.

Eso más bien era ser guarra, no una maníaca, pero ni discutió. Antonia daba voces por encima de la voz del fontanero. Se limitó a decir:

—Arréglalo y pasa la factura al despacho.

Cuando colgó el teléfono, pensó en la noche anterior. Había llegado a casa a las diez de la noche, cansada de discutir con un cliente, harta de cifras. La cocina estaba inundada. La nena estaba estudiando. Luis, como siempre, tumbado en la biblioteca viendo la televisión. Pedir ayuda fue inútil, como siempre, nadie compartió una tarea doméstica. Intentó desatascar el fregadero. Desenroscar los tubos. Tuvo que ponerse las muñequeras. Eso la hizo sonreír, era un castigo. Había gastado una broma a un amigo con unas muñequeras y desde hacía un mes tenía que ponérselas para todo. Lo suyo era por algo menos placentero que lo de su amigo. Ése era el castigo. Esa noche se acostó sin arreglar el fregadero. Pensó que no merecía la pena. Esa noche fue cuando soñó que estaba en el Caribe. Había sido la noche anterior cuando había pensado que no quería ser tan trabajadora. Tan necesaria. Tan buena. Tan de todo.

Dejó de pensar. La reunión del partido sería dentro de una hora y no pensaba ir con aquellos pelos. Cuando estaba cogiendo el paraguas, Mariana dijo:

—Las plantas, se están muriendo las plantas.

Y emitió un sollozo característico en ella. Metía esos ruidos cuando estaba muy nerviosa. Catalina Béjar la miró con cara de no poder creerlo. La apartó de su camino con una palmada en un brazo. Fue paseando por los distintos despachos. Muertas, estaban muertas. O moribundas. Las plantas que habían plantado hacía tres días estaban muriéndose. Tenía que ser una señal divina. Seguro que lo era. Mariana caminaba a su lado murmurando:

—Yo no fui, yo no hice nada.

Salió a la calle, se tapó el pelo con el paraguas; seguro que parecía una seta. Pero no iba a permitir que la mirasen por culpa de aquel color en la cabeza. Odiaba los paraguas, pero aquel día era útil. Menos mal que llovía un poco: si no habría sido más raro.

Al llegar a casa, Antonia ni la miró. Encima estaba ofendida. La nena salía de su habitación. Con cara de crueldad le espetó:

—Catalina, tu cabeza parece maíz. Y francamente, con esos pelos parece que te chupó una vaca. —Dicho esto continuó su camino pasillo adelante.

Entró en su dormitorio y se tiró encima de la cama. Aquello no era vida. ¿A quién había matado? No podía hacer más. Todos tenían lo que querían. Todos, menos ella. Se acordó de Juan Antonio: «¿Tú qué quieres? No te escondas en lo que quieren los demás. Piensa qué es lo que tú quieres». Había sido una relación tormentosa. Eso decía él. Ella no tenía ni idea de lo que significaba aquello. Pero si él lo decía, seguro que tenía razón, era muy inteligente aquel hombre. Lo malo era que ella no se había enterado. Y una relación tormentosa no debía de ser cosa muy habitual; había sido una pena no enterarse. Se levantó de un salto. No tenía tiempo de pensar en aquello ahora. Mañana. Pensaría en ello mañana. En eso se parecía a Escarlata. Sí, era eso, ella era una Escarlata O'Hara, pero sin todos aquellos hombres persiguiéndola. Siempre le tocaba lo malo. Se lavó y estiró el pelo. Se vistió de progre elegante y salió hacia otra guerra.

—Eso es políticamente incorrecto, no podemos hacerlo.

Intentó no responder. Sintió el pie de Pepa en su pie izquierdo, el de Mauricio en el derecho. Estaban intentando controlarla. Que no gritase. La miraban y le pedían tranquilidad.

—Es que tú no sabes lo que es la política, Catalina, no tienes ni idea.

Después de más de veinte años de militancia tenía que escuchar aquello. El hombre que le hablaba, un maestrillo sin más oficio ni beneficio que el acta de diputado, braceaba al aire. Estaba comenzando a gritar. Se tiraba encima de la mesa con los brazos estirados. Pepa y Mauricio volvían a mirarla, esta vez con miedo. Ella no dijo nada. Hizo. Comenzó a acariciarse el cuello. La nuca. Desabrochó un botón de su camisa. Se abanicó con un taco de papel. Se llevó la mano a la cabeza y comenzó a quitarse los prendedores del pelo. Despacio. Mauricio y Pepa la miraban entre el terror y la risa: sabían lo que iba a ocurrir. Cuando tuvo el pelo completamente libre, movió la cabeza como veía hacerlo a las modelos en la televisión. Sacó una barra de labios. Se los pintó de manera pausada. En ese momento, el maestrillo perdió la calma y comenzó a gritar:

—¿No lo veis? ¡Lo hace adrede! ¡Me distrae! ¡No me deja

terminar! ¡No la soporto! ¡O hace esto o me habla del reglamento! ¡No hay quien lo aguante!

Catalina Béjar solía sacar en esos momentos lo que de cada casa había en ella. Los genes, ahí era cuando se mezclaban los genes. Tenía un nutrido surtido de palabras malsonantes. Terribles palabras de sindicato minero de principios de siglo. Seguro que algo tenían que ver las mulas de la mina La Llama y su padre escuchando a los mineros. A eso unía la frialdad y la distancia del vidrio, en apariencia transparente. Era una buena mezcla. Pura alquimia. Pura dinamita.

—No creo haberte hecho nada. Tan sólo me quité los prendedores del pelo y me pinté los labios. —A las miradas de Pepa y Mauricio respondió con otra y con unas palabras misteriosas para el resto—: Ya pasaron los veinte minutos.

»Si no te parece políticamente correcto reconocer que nuestro partido dio una subvención de mil millones de pesetas a un particular que no los merecía, sin pedir una mínima contraprestación social a cambio. Si tú piensas que admitir eso no es correcto, tú estás equivocado, no yo. Puede que me esté haciendo vieja, puede que me haya quedado en la acepción antigua de política, en eso del servicio al pueblo soberano. Pero creo que no. Creo que tú eres un pelanas que te agarras a esto porque no tienes lugar adonde regresar, porque sin el acta de diputado no eres nadie. Y aun con ella no eres nada. Creo que mentís como zorras al amante viejo...

No era un insulto, simplemente lo había definido. Catalina no lograba entender por qué la gente se enfadaba cuando los definían. No pudo continuar. Anselmo Ausente, ex alto cargo apeado del poder por la pérdida de las elecciones, dijo con voz profunda:

—Ya estás como san Ambrosio, dando lecciones desde tu alta moralidad. Crucificándonos a todos. Ya estoy harto.

—Y yo, Anselmo; yo estoy harta. Y como estoy harta me voy ahora mismo. Y de san Ambrosio, tú sabes más que yo.

Eres médico gracias a los curas: te quitaron el hambre y te educaron, no lo olvides. Los orígenes son importantes, no hay que olvidarlos, nunca.

Salió de la sala llena de tristeza. Siempre era igual. La misma mierda. Los mismos mandando perpetuamente. Unos pocos siempre manejando a muchos. Miseria y grandeza de una democracia con demasiados miedos, adulterada. Al bajar la escalera tuvo que reaccionar; otro diputado, tan tragón y merluzo como el que estaba en la reunión, subía a saltos los peldaños. No podía permitir que la viese así. No debía.

—Qué, ¿ya reñiste con Carlos?

—No Aurelio, yo con Carlos nunca riño, simplemente lo humillo.

Y continuó bajando escalones con cuidado de no tropezar; estaba mareada, pero por nada del mundo quería caer allí. Ya se desmayaría más tarde.

Paseó un rato por el parque, no tenía ninguna gana de llegar a casa. Ninguna. ¿Para qué? La nena estaría peleándose con el perro. Luis tirado en un sofá dándole al mando de la televisión. No podría contar nada, les aburriría. Le dirían que siempre se quejaba. Necesitaba un reposo. Como en el anuncio, necesitaba un reposo de guerrera. Sentada en un banco sintió el sonido del móvil. Aquel cacharro amarillo que la mantenía siempre unida al mundo real y en ocasiones al irreal. Era su hermana. Había regresado de París aquella tarde. París... ella nunca había estado en París. Nunca había estado en ninguna parte. Nunca había tenido tiempo. Nadie la había llevado a París, y a París tenían que llevarte, si no París no era lo mismo. No tenía el mismo significado. Odiaba ser tan libre. Odiaba ser tan independiente para todo menos para eso: para ella misma. Cristina, su hermana, preguntaba cómo estaba. Contestó que bien, que se iba a casa. No contó más, para qué.

La escena era tal y como ella la había imaginado. La nena y el perro rodando por el suelo en una pelea en la que el pobre animal se defendía. Luis con el mando. Pensó que las cosas no se arreglaban solas. Eso no pasaba. Volvió a ducharse: era maniática del agua, la aislaba de muchas cosas y le acercaba otras. La nena dormía agotada por la escaramuza. Se puso un camisón de seda crema, se vio guapa. Descalza, entró en la biblioteca. Le dijo hola a su marido, que le contestó sin mirarla. Se puso frente a Luis, que ni la vio. Se subió encima de su tripa y dejó caer el pelo en su cara, acariciándolo...

—Aaayyy, ¿qué estás haciendo? ¡Tienes cara de loca! Pero ¿qué te pasa, Catalina? ¡Qué susto me has dado!

Escuchó todo eso desde el suelo. Porque Luis, con el susto, le había dado tal empujón, sin querer, que ella estaba sentada en la alfombra y con el culo dolorido. Demasiado sin querer, demasiado susto había en aquella casa, en aquella relación.

—Déjate de tonterías, anda, vete a la cama y duerme. Estás cansada, seguro que es eso, Catalina.

Se levantó y salió lo más dignamente que pudo. Al deseo le llamaban cansancio. El arrebato conyugal asustaba. Su madre comparaba su vida a unos sofás. Mariana lloraba la muerte de unas plantas. La nena comparaba su cabeza a un objeto lamido por una vaca. Antonia le gritaba. Nunca sería concejal, ni senadora, ni nada. Por hablar. Un amigo le había dicho: tanta honestidad, tanta claridad te impedirán ser hasta presidenta de una comunidad de vecinos. Y debía de ser verdad.

Al final, ¿de qué le servía a ella ser tan clara? En lo esencial no lo era. Era una farsa completa. Ella era una estafadora de sí misma. Se había robado media vida. Nadie le había robado nada. Ella se había dejado. Y ahora sólo le quedaba la cama para soñar. Para huir. Con un poco de suerte soñaría con Roberto, con Carlos, con cualquiera. Y playas. Y limones. Y manzanas. Cerró los ojos y musitó: Nada te turbe, nada te espante, todo se pasa... Con un poco de suerte tendría uno de esos arrebatos que le daban a santa Teresa.

CUENTOS DE HOMBRES

(Fragmento)

Las dos viudas

La delicia y el perfume de mi vida es la memoria de esas horas
en que te encontré y retuve el placer tal y como lo deseaba.
Delicias y perfumes de mi vida, para mí que odié
los goces y los amores rutinarios.

KONSTANTINOS KAVAFIS

Ahora, mientras ella leía poemas de Kavafis, lo estarían enterrando. Estaba en la cama grande —inmensa— que habían comprado hacía veinte años. Veía los cuadros que él había colgado año tras año. Grandes, extraños. A ella no le habían gustado nunca. No entendía esa pintura. No entendía tantas cosas...

Dentro de un mes cumpliría sesenta años y ahora estaba sola para siempre. Dejó el libro encima de la colcha, el dedo anular señalando una página y el resto aferrado a la tapa. Era la garra de un animal herido asido a la nada. No tenía derecho ni al recuerdo.

Ahora estarían tirando tierra sobre el féretro. Alguien, no sabía quién, dejaría caer veinte rosas rojas entre la madera y la tierra. Sin cintas, sin nombre. Sus rosas no tenían derecho a nombre. Veinte años no es nada. La vida borra con la muerte lo que no ha de verse. Lo que el mundo aun sabiendo no quiere que se vea.

Estaba empezando a marearse. A él no le habría gustado. La habría llamado hipocondríaca. «Ya estás somatizando.» Le habría dado un grito y un beso. Pero él no estaba. Nunca más le gritaría. No volvería a besarla. No volvería a tirarla de la cama de un empujón. Nunca más oiría su voz diciendo: «Dúchate, venga, vamos a pasear».

Lavarse los dientes ya no sería lo mismo. Ya no vendría por detrás. Nadie la engancharía por la cintura. Los botones del pijama no se abrirían. No sentiría la mano grande subiendo por la tripa. El cuello no volvería a dolerle por tener que echar la cabeza hacia atrás buscando su boca.

El libro de poemas voló por encima de la cama. Quería sentir dolor en el cuello. Quería retorcerse contra él. No quería aquel dolor de alma. No quería vacío. Quería que él volviese. Quería estar sentada encima de su tripa para siempre. Mirando sus ojos. Quería ver aquellos ojos verdes llenos de manchas marrones. Quería mirar aquellos ojos una vez más. Quería el cuello de toro entre sus manos. Mirarse. Cuánto les gustaba mirarse sin hablar. Dormir abrazados. Separarse en mitad del sueño y volver a encontrarse de madrugada. Viajar. Comer. ¡Dios! ¡Cuánto les gustaba todo! Cuánto le había amado. Cuánto le amaba. De qué manera le quería. Desde el mismo día en que se vieron. Le deseó desde ese mismo instante.

Amor, querer, deseo, trabajo. Lo habían compartido todo. Ella siempre le decía: «Somos una pareja de hecho». Y él se enfadaba. Decía que ella estaba loca. Que a todo quería ponerle nombre. Que siempre necesitaba el porqué de cada cosa. Que aquello era lo que era. Y: «¡Que no le des más vueltas...!».

No volvería a pisar un restaurante. Nunca más. Él ya no estaría enfrente mirándola. No volvería a decirle: «Come, cabezona». No volvería a mirarla. No preguntaría con cara de risa: «¿Cómo será el baño de este sitio? ¿Te gustaría que fuésemos a verlo?». No volvería a ponerse colorada por aquello. Con lo que a ella le gustaba poner cara de susto o enfado ante esas cosas.

Mirar. Ver. Si tuviese valor se arrancaría los ojos. Eso debería hacer. Y cortarse las orejas. Quemar las yemas de los dedos. La nariz ya no la quería para nada. No volvería a ponerla sobre su frente después de hacer el amor. No podría oler la piel de la frente. Ni el pelo cano.

Abrió los ojos. Aspiró. Aún estaba dentro. Tenía su olor hasta en las tripas. No necesitaba más. El sudor de la frente de «su hombre» olía a vida. Ése era el nombre exacto.

—Eres mi hombre. Te pongas como te pongas, eso eres.

Y él se ponía como un loco.

—Estás chiflada. Estás como una cabra. Entérate de una vez. Me das miedo cuando dices esas cosas. Eres un peligro público.

Ella reía y encarándose decía:

—¿Sí? ¡Bueno y qué!

Veinte años. Así había sido durante veinte años. «Te quiero.» «No quiero hablar contigo, hoy no. Hoy te tengo manía. Quizá más tarde no te la tenga, no lo sé. Hola, lo he meditado mucho y he decidido que no mereces ser mi amante. No mereces que te quiera.» Ella lo hacía para herir, para morir matando. Lo hacía cuando pensaba que se moriría de algún tumor extraño. Y no quería que él sufriese por eso. Quería alejarlo de su dolor. «Eso» solía pasar varias veces al año. A él lo dejaba desconcertado. Durante doscientos cuarenta meses, cuatro mil trescientos ochenta y un días más o menos había sido así.

De vez en cuando él le recordaba que ya no era una niña, que tenía manchas marrones en las manos. Ella respondía: «¡Y qué! Tengo estrías en el cerebro por tu culpa. Eso es más preocupante y no me quejo, ¡así que déjame tranquila!». Y no paraba ahí. Se daba media vuelta y poniendo ojos de arrebato murmuraba: «La mancha de tu pene, esa por falta de pigmentación, cada día se ve menos. Cada día está más escondida, así que tú verás...».

Y ni las arrugas de los párpados podían esconder el arrebato. Había vivido «arrebatá», «enamorá perdía». Y ahora, cuando todo era más sereno, más calmo, él se moría. La dejaba sola. Ella le había dicho muchas veces: «Si te mueres antes que yo, no te lo perdonaré nunca; te resucito y te mato con mis manos o mi boca. ¡Te lo juro, te mato a besos!».

Él temía esas cosas. Era insólito que alguien tan racional como aquel hombre temblase ante el vudú de broma con que ella amenazaba. Pero así era él: inseguro, insatisfecho, insólito, inquieto, egoísta, bullicioso, tenaz. Y así lo quería ella, en lo bueno y en lo malo, en la salud y la enfermedad.

Volvió a sonreír, esas frases a él lo ponían malo. Sonaban a eclesial. Y él era todo lo contrario a eso. En el fondo temía dar la cara, la Iglesia no era lo más preocupante en todo aquello. Temía el compromiso.

El ruido absurdo del teléfono la sacó de aquel estado lamentable. Ella odiaba estar así. Hacía unos días que él había cambiado el sonido del móvil sin decírselo. Le gustaba ver la cara de pena que ella ponía ante un ruido o un sabor nuevo. Si hubiese visto hoy su cara, no le habría gustado aquella mueca amarga.

Respondió con aquella voz de aguardiente que la vida le había dado. La voz ronca que tantas mañanas había respondido: «Hola, soy Mónica, ¿qué servicio deseas que te haga...?».

Hoy no podía hacer esa broma tonta. Nunca más volvería a ver su número en la pantalla de cristal. Y nunca era tanto tiempo. Nunca era jamás. Y jamás es siempre. Y siempre desde hoy sería todo.

Era Asunción quien la llamaba. Quería saber cómo estaba. Quería ir a hacerle compañía. «Déjame ir, no puedes estar sola ahora. No puedes estar sola en un momento así. Aún falta hora y media para el entierro. No puedes estar sola. Te pondrás enferma. No es normal, ni para ti es normal.»

Sólo escuchó «falta hora y media para el entierro…», miró el reloj. No se había dado cuenta, pensó que todo estaba acabando y ni había comenzado. La viuda, la otra viuda, la oficial. La que tenía la inscripción en el registro estaría ahora recibiendo el pésame de los mismos que el día anterior se lo dieron a ella.

Los periódicos traían esquelas con su nombre. Había notas de luto, comentarios sobre el genio que falleció el día anterior. En la flor de la edad, decían. Alababan su ingenio, su estilo. *Le Monde* hablaba de luz en un mundo sombrío. A ella le había dado la risa. Era un poco excesivo. Ni él era un candil ni el mundo estaba entre tinieblas. Matices, era sólo cuestión de eso.

Su obra se consideraba magnífica. A él, un hombre bueno. ¡Cuánto había de ella en esa obra! Cuántas madrugadas cerró los archivos de Word correspondientes a sus novelas y se puso a trabajar en las de él. Codo con codo. Aguantando sus gritos. Pasando las yemas de los dedos por su cara rasposa —que tantas madrugadas dejara su barbilla y su nariz enrojecidas— en un intento de apaciguar esa furia creadora. Y casi siempre lograba calmar los estallidos.

Los periódicos hablaban de su mujer, de sus hijos. Y de ella. Compañera profesional. Amiga íntima. La otra. Un Satanás —gacetillero de tres al cuarto al que ya le ajustaría las cuentas— la llamaba «la otra».

Nunca se había considerado «la otra». Jamás. Después de veinte años. Después de tantas cosas juntos, ella no era «la otra». La viuda con papeles sí lo era. Por ser algo, hasta era deshonesta. Y paseaba su impudicia disfrazada de victimismo. Conocía esa relación pero hacía como si no existiese. La ignoraba. Al fin y al cabo, gracias a los papeles, ella recibiría los derechos de autor, iría a las entregas de premios, a los homenajes póstumos como «la viuda». Pero eso era terriblemente deshonesto. En el fondo era inmoral, indecente, porque la viuda con papeles, la otra viuda, no era su mujer. Hacía años que no lo era. Pero la comodidad, increíble estado, en ocasiones vence al querer. ¡Qué cómodo resulta decir: «Soy la señora de Monterrey»! Qué vileza encierra esa mentira. Ninguna mujer decente podría decir eso sin sentir vergüenza, pena y asco. Pero la comodidad, el dinero, los amigos, la buena casa... Esas cosas para algunas valen más que el ser. Prefieren el tener. Ella debía conformarse con ser «la dama», lo que en el fondo tenía una connotación despectiva. Pero ella había sido siempre ella. Nunca fue señora de..., se conformó con ser mujer. Nunca pidió un anillo, aunque en el fondo sí que le hubiese gustado. Nunca había entendido aquella extraña relación a tantas bandas. Pero un día, después de algunos años, dejó de preocuparle. Ella le quería y no le atormentaba si él estaba enamorado o no. Él siempre regresaba a su lado y ella se dejaba caer en sus brazos. Él la acunaba y eso era lo único importante.

Habrían podido tener un hijo. Hacía muchos años había perdido uno. Él nunca sabría cuánto dolor había provocado aquello en su cabeza y en el alma. Cuánto tormento. Aquella vez él estaba fuera. Presentaba un libro en Centroeuropa. Y ella, una vez más, había estado sola. Rompió la relación durante cinco días. Sabía que era su última ocasión para ser madre, el tiempo no pasaba en balde. Pero a él pareció no importarle. Al cabo de un mes ni siquiera se acordaba. Al menos no hablaba de ello. Se cerró en un silencio que ni ella misma podía abrir por temor a hacer más daño.

Siempre lo había protegido. Siempre había perdido en aquella relación. Perdía para ganarlo a él. Hacía veinte años había aprendido que el sexo era importante. Había amado de una forma que nunca pudo imaginar. Ella lo resumía diciendo: «Después de vieja, gaitera». Pero había sido tan feliz. Había sido tan fácil aprender todo aquello con él. Para él. Se abrió a sus ojos con una naturalidad que aún le extrañaba. No podría haber sido igual con otro hombre. Jamás. Era cuestión de sentido, de sentimiento. Voluptuoso, sensorial, emocional. Delicadeza, ternura, excitación. De todo aquello.

Y aún faltaba hora y media. Más tiempo de agonía, de dolor. De rabia. Sentía rabia contra él, hacia el mundo, hacia todas aquellas viudas legales que según su padre no eran más «que putas legalizadas que no los dejan ir porque pierden dinero y fama». Su padre y él nunca se habían dirigido la palabra. Respeto. Todo el mundo respetaba aquello. Pero todo el mundo ponía un límite. El amor es lo que une, pero a ella la había dejado al margen de todo.

A ella no le pagaba. Con amor, eso sí. Le pagaba con amor. Con mucho amor, que ella siempre pedía fuese más. A la otra viuda, a la legal, le daba todo el dinero que quería. Todo lo que necesitaba. A ella amor y gritos. Y pasión. Y caras de «crisis de identidad». Aquellas caras tan bobas que a ella le hacían reír tanto. Caras de querer sentir angustia a propósito, como si fuese obligación sufrir para unir palabras.

Pasear a marcha forzada. No lo haría más. ¿Detrás de quién iba a correr? Dejar los abrigos de piel en el armario ya no tendría objeto. El «pseudoecologista» ya no estaría a su lado dando la tabarra con la muerte de visones «que seguro no serán de granja». No dejaría que se pusiese un chaquetón de paño para acto seguido mirarla con cara de sorna y decir: «Anda, quítate eso, no vas cómoda y se nota. No te queda nada bien». No volverían a besarse en ningún ascensor. Ella no le compraría más rosas rojas. No podrían volver a reírse cuando los colocasen en una mesa del comedor menos importante de un restaurante. Ella no podría volver a repetir gestos como llamar al camarero y preguntar con voz peligrosamente suave:

—Perdón, ¿no tienen ustedes otro comedor?

Para lograr que el pobre hombre medio azorado contestase:

—El otro es igual que éste...

—Pues quiero el otro, quiero comer en el otro. Si es igual, a usted no le importará ¿verdad?

Ya no se levantaría como una reina ofendida. Él no le seguiría diciendo: «Es por la corbata, estos palurdos nos miran mal porque no llevo corbata». Nada de aquellas cosas aparentemente sin importancia volverían a suceder. Y habían sido, eran tan importantes que gracias a todo aquello pudo vivir. A trozos, vivía a trozos pero de una manera tan intensa que los últimos veinte años fueron los mejores de su vida. Los cuarenta anteriores carecían de importancia. No fueron más que un camino hacia el encuentro. Tardío. Había llegado tarde y a destiempo. Fuera de toda lógica o normalidad. Pero había llegado. Arrollando. Como un viento del norte. Como una plaga de termitas. Comenzó por su mente y terminó paseándose por todo su cuerpo.

Él siempre mantuvo las distancias, las formas aparentemente morales. Nunca dejó a la que ahora era la otra viuda. Ella nunca lo entendió. Pero tuvo que aceptarlo. Fue menos libre desde ese día porque el amor ata. El querer de esa manera tan aparentemente libertaria da menos libertad. Pende de un hilo tan frágil que en ocasiones el miedo a que se rompa produce vértigo y obliga a crear o negar situaciones que con un papel y una inscripción registral no se dan. Y el niño, el hijo que nunca pudo tener. Eso era lo peor de todo. Hoy habría estado a su lado. Tendría casi veinte años y sería como él. Guapo, lleno de vida. Pero hasta a eso había renunciado. ¿Y para qué? Ahora, mientras Asunción parloteaba al teléfono, ella no sabía por qué o para qué.

Él quiso dos mujeres, no a dos mujeres. Y ella hoy, ahora, le odiaba por eso. Se aborrecía a sí misma y la otra viuda sólo le provocaba desagrado. Ellas se habían visto una vez, en una entrega de premios. Se saludaron de manera civilizada, pero se midieron: la altura, el pecho, las caderas y la mente. En todo lo que el ojo alcanza a ver triunfaba la otra viuda. Era rubia, guapa, esbelta. Por ser era hasta aparentemente agradable. Esa noche ella se odió un poco y a él le odió mucho. Pasó la noche en un hotel. No fue a casa. La casa. Su casa. A ella no la había mantenido nunca ningún hombre. La otra vivía a costa de él. Aquella casa era suya. Ningún hombre le había comprado una Bru. Así lo definía Asunción: «Toda mujer, por muy liberada que sea, al final lo único que quiere es que le compren una Bru, que la mantengan». Y era cierto. Ella había deseado tanto eso: una casa normal, un amor estable, un hijo, un marido. La envidiaban, lo curioso era eso. Sus amigas la envidiaban. La admiraban. Tenía un hombre rico, famoso, que aparentemente la quería. Viajaban por medio mundo. Pensaban que no quería más. Y ella quería ser una maruja ilustrada. Ilustrada pero maruja. Y nunca lo había sido. Era un ama de casa a «saltos», a trozos. Sólo cuando a él le daba el arrebato de «jugar a las cocinitas». ¿Por qué le había querido tanto? ¿Por qué una mujer inteligente hace esas cosas? El sollozo fue tan profundo, tan desgarrador que casi ni oyó cómo Asunción decía: «En cinco minutos estoy ahí».

Dejó caer el teléfono de la mano. Se agarró a la almohada abrazándola. Quería morirse. Marchar con él. No quería sentir aquel dolor. No podría soportarlo más tiempo. De repente la almohada la llenó de aquel olor. Se estiró, buscó con la nariz como un perro. Era su aroma. Raspó la cara entera con la funda, la arañó esperando notar la humedad del sudor en cada pliegue de la almohada. Con el pecho y el vientre aplastados contra el colchón, buscaba olores de manera desesperada. Pasó la lengua por la funda. Tenía su sabor. La muerte no había cambiado los olores. Ni ella podía borrarlos. La muerte no era nadie en aquella cama.

Él había dejado de respirar. Así de fácil. Sin más. Ella estaba medio dormida y se volvió a mirarlo como hacía cada noche. Tenía la cara guapa. Parecía dormir. Se acercó a besarlo. Tomó entre los suyos un trozo de su labio inferior. No hubo más respuesta que el trozo de carne escapando de su boca. No respiraba. No emitía aquel ruido que el asma arrancaba a sus pulmones. No pudo reanimarlo. Golpeó su pecho con desesperación. Esperaba los latidos, quería que volviese a funcionar. Pero no lo hizo. Al cabo de un rato —mientras su propio corazón pareció estallar— dejó de intentarlo. Se arrimó a él, lo abrazó. Besó su cara y subió la ropa de la cama. Lo arropó. Lloró en silencio, sin ruido. Le habló suave unas veces, a gritos otras. Después de un rato cogió un móvil. Ya no importaba cuál de ellos era. Ya no importaba nada. Llamó a Jaime Arias y volvió a meterse entre las sábanas. Darle el calor que él tanto aborrecía era bueno ahora.

Cuando llamaron a la puerta y vio a dos hombres con el uniforme de una funeraria no se sorprendió. Detrás estaba uno de sus hijos. Le dio un beso y la abrazó. Era el que más se parecía a él. Era el mejor de todos. Tenían que llevárselo. Ella no lo entendía pero iban a llevárselo. A «su casa». El médico certificaría que falleció en «su casa». Aquélla lo era. Lo había sido durante los últimos veinte años. No entendió lo que estaba pasando. Sólo que estaban arrebatándoselo. No dijo nada. No hizo nada. Sintió cómo la puerta se cerraba y volvió a la cama.

Mirando al techo sin saber qué hacer recordó la Place Vendôme, el Museo d'Orsay y el Café de la Paix en mayo. Las Ramblas en abril. El Mercado de las Pulgas y el Prater en diciembre. La Piazza del Duomo, la Galleria Vittorio Emmanuelle y el Café de los mosaicos —según se entra a la izquierda— en noviembre. Roma y los helados de Giolitti en octubre. Las Cícladas en junio. Paros y el Valle de las Mariposas. La iglesia de Ekatontapyliani con sus monjas. Antiparos desde la costa. Central Park desde el Pierre en septiembre. No sabía qué estaba haciendo. Por qué recordaba todo aquello. Habían pasado más de veinticuatro horas y continuaba en aquella cama. No había permitido que la mudasen. Ella misma ni se había duchado. Metía uno a uno los dedos en la boca. Repetía gestos de él, notaba sus manos en el pelo.

Sintió la llave en la cerradura. Por un momento pensó que todo había sido un sueño. Casi creyó oír su voz gritando: «Hola, cabezón, ¿durmiendo la siesta como siempre?». Pero «siempre» él terminaba metiéndose en la cama con ella, abrazado a su cintura, apartando la goma del pijama con la mano y apoyándola en su tripa. Apretó los puños con fuerza, aquello no volvería a suceder. Lo sabía. Había intentado con su aliento que aquello no pasase, pero sí había sucedido. Tendría que haber muerto ella. Así podría aparecerse por las noches para asustarlo. Así habría podido verle. Y si alguna vez lo encontraba en una cama con otra mujer se colgaría de la lámpara en el momento oportuno para susurrar: «Hola, guapo, ¿cómo estás?». Cuántas veces había jugado con aquello. Cuántas palabras malsonantes salían de entre el diente partido y los labios cuando ella muy seria juraba que lo haría. Y ahora tardaría mucho tiempo en volver a ver su cara guapa. Él estaría buscando entre las nubes ángeles de pechos grandes. Era su obsesión, su manía. Cuando ella le gritaba: «O te cuidas o te mueres y eso no te lo perdonaré nunca», él respondía: «Bueno, me da lo mismo, sé que en el cielo los ángeles tienen las tetas grandes, así que será genial». Y ella apostillaba: «Podías decir pechos, al menos podías decir pechos grandes, siempre serás un ordinario». ¡Y qué le importaba a ella!; lo quería con aquel lenguaje, lo quería como él era. Y la muerte y la otra viuda se lo habían arrebatado.

Asunción entró despacio como temiendo hacer ruido. Tenía los ojos enrojecidos. Más rojos que ella. Sentada en la cama le acarició la mano que sobresalía de las sábanas.

—No puedes continuar así. A él no le gustaría.

¿Y qué me importa a mí lo que a él le gustaría, Asunción? ¡Él se fue! ¡Ya no está! ¿Qué me importa a mi nada?

Bueno, algo sí que le importaba. Se lo habían llevado. Eso

sí que le importaba. Lo otro ya no tenía remedio. Pero llevárselo de esa forma, sin contar con su propia voluntad, con la de un muerto que quiso morir en la cama y con la mujer que eligió. Eso sí le importaba. Si él la quería era por eso. Porque era rara. Porque no se conformaba. Porque aparentemente nunca hacía lo adecuado.

De una patada apartó la ropa de la cama. Se levantó todo lo rápido que le permitía la maldita cadera.

—Tienes razón, Asunción, como casi siempre la tienes. No puedo continuar así. Haz café.

Sin hablar, una por el asombro y la otra porque no tenía ganas, fueron a la cocina. Ella abrió la nevera y vio la caja de trufas. Quedaban dos. Las comió a la desesperada. Chupó los restos del chocolate que le quedaba en los dedos. La bulimia no cedía ni con la edad. Caminó hacia el cuarto de baño. Abrió el agua. Dejó que se fuese llenando la bañera. Los ojos tropezaron con un espejo colgado en lo alto del gancho de la ducha. Él se afeitaba así. Ahora sonrió. Se quitó el pijama, se lavó los dientes y se metió en la bañera. No podía ser un baño largo, no había tiempo. La bañera y él. La ducha y sus manos llenas de jabón. Metió la cabeza bajo el agua. Se enjabonó el pelo, lo aclaró y salió deprisa. Se envolvió en un albornoz y tocó su toalla. «Esa horterada que mandaste bordar con mi inicial.» Volvió a la cocina, cogió la taza que Asunción sin hablar le acercó. Con la taza en la mano regresó al baño. Se secó el pelo agitando la cabeza de un lado a otro. Subió la cabeza de golpe y de golpe se vio reflejada en el espejo. Los ojos verdes aún tenían brillo. El pelo lo mismo. Definitivamente y por mucho que a él le molestase no aparentaba la edad que decía el calendario. Cepilló la melena con fuerza. Dejó caer el albornoz al suelo y volvió a la habitación. Al regreso tendría que ocuparse de todo aquello. De la ropa, de los libros, de los cuadros; esos que se los quedase la otra viuda. No, pensándolo bien organizaría una subasta y después donaría el dinero. Públicamente, por supuesto, que se supiese.

Arrancó de la percha un pantalón negro ajustado de Max Mara. El jersey largo de lana fría estaría bien para una tarde de septiembre. Bragas negras, sujetador negro, jersey negro... no era luto. Era costumbre. Cambió el bolso de piel por una mochila, sería más cómodo. Se arrastró por la cama hasta alcanzar el libro de Kavafis que Asunción había vuelto a poner allí. Lo metió en la mochila. De paso hacia la puerta preguntó:

—¿Tienes coche, Asunción? O llamo a Ruiz.

—No hace falta; está abajo.

Asunción sabía adónde iban. No opinó, habría dado igual. En el ascensor se puso unas gafas negras para ver y para que nadie viese. Agradeció el pésame de Augusto, el portero, y caminó con rapidez. Quedaba muy poco tiempo.

El cementerio dominaba la ciudad, se veía el mar. Era un lugar hermoso. Calmo. Lleno de historias en cada hombre o mujer poniendo flores en las tumbas, limpiándolas o sentados en las lápidas.

Según avanzaba por el camino de guijo vio al grupo. Numeroso. Televisiones, fotógrafos, periodistas y curiosos rodeaban a la familia y los amigos. Jaime era quien tenía sus rosas en las manos. Asunción caminaba junto a ella. Sabía que la aparente fuerza no era más que una fachada contra el miedo y que en cualquier momento podía caer. Toda la vida había sido igual. Ella abrió la mochila, sacó el libro de Kavafis y alargó el bolso hacia Asunción.

Algunas cabezas se volvieron. Se daban codazos unos a otros. Al entrar en el grupo oyó decir a alguien: «¡Mira, es la amante!». Le hicieron un pasillo hasta llegar a la tumba. La sepultura estaba abierta. La tierra aún no cubría la caja. La otra viuda estaba enfrente con los hijos. Pegada a ella estaba su cuñada, aquella estúpida y fea mujer, llena de collares de perlas, con los dedos cubiertos de sortijas. ¡Con lo que él la había odiado! Y ella estaba allí retorciendo un pañuelo con las manos como si el dolor la azotase.

La otra viuda estaba vieja. Sí que aparentaba la edad. Estaba serena y digna. Los derechos de autor en ocasiones dan apariencia de eso a quien carece de ello. Alguien a quien ella no conocía hablaba del «que ahora está lejos, pero cerca en nuestros corazones...». Le salió la sonrisa de los labios, casi le oía decir: «Pero ¿de dónde salió este anormal?». El hombre terminó de hablar. Ella abrió el libro por una página cualquiera y en voz alta y clara leyó:

Los años de mi juventud, mi vida voluptuosa—
qué claramente veo su significado.
Qué vanos remordimientos, qué innecesarios...
Mas no podía entonces comprenderlo.
En el fondo de mi vida joven y disoluta
hallaron forma las imágenes de mi poesía,
se gestaba el alcance de mi arte.
Por ello mis enmiendas fueron tan inconstantes.
Mis resoluciones de continencia, de cambiar,
duraban dos semanas como máximo.

Cerró el libro, lo arrojó sobre el ataúd. El ruido seco liberó a todos del estado indefinible en el que estaban. La otra viuda parecía a punto de desmayo. Siempre había sido débil. Jaime Arias le tendió las veinte rosas con una sonrisa. Hizo lo mismo, las lanzó de golpe al hueco. Jaime la tomó de la mano y avanzaron entre la gente hacia Asunción. Él estaría insultándola, estuviese donde estuviese, estaría dando voces. Una nube pasaba por encima y ella mirándola murmuró: «¡Yo soy tu viuda, entérate! ¡Yo soy la que más te quiso, la que va a echarte de menos! ¿Por qué no me diste un papel? Ya sé, ya lo sé, estás diciendo: “Porque la vida me hizo así”. ¡Pues entérate, a mí de esta manera!».

«Vamos, Asunción, en la parroquia tengo una misa por ese descreído. Mañana comienza la batalla legal, en ésa sí que no pienso participar. ¡Mira tú que no traerle ni una banda de música! ¡Con lo que a él le gustaba!»

MANDARINA

(Fragmentos)

Mandarina

Dos amantes dichosos hacen un solo pan,
una sola gota de luna en la hierba,
dejan andando dos sombras que se reúnen,
dejan un sol vacío en una cama.
...
Dos amantes dichosos no tiene fin ni muerte,
nacen y mueren muchas veces mientras viven,
tienen la eternidad de la naturaleza.

PABLO NERUDA

Las mandarinas son redondas. Como él.

Se abren de formas diferentes, en sitios diferentes. Como yo.

Gajos, sonido de mandarina.

Piel, sonido de mandarina.

Un hombre hunde el dedo en la carne de mandarina. Suena a sexo. El hombre de este cuento come mandarinas sin parar pensando en ella; aparta la piel con cuidado, sin forzar la cáscara, con la lengua o con los dedos.

Si la abre con la boca, siente el sabor amargo y dulce en la lengua. Mete la mandarina casi entera en la boca —con apuro— y el jugo resbala por la barbilla, justo hasta donde sabe llega su lengua. Saca de entre los labios el músculo rojizo, chupa y vuelve a por un nuevo trozo a la boca.

Si abre la mandarina con los dedos, los mete con cuidado,

sin rasgar. Busca un hueco, ese que hay en el centro; y muy despacio, encuentra camino hasta la parte más húmeda, la que al rasgar un poco se deshace dejando salir un jugo cálido.

Comer mandarinas es puro placer para los sentidos. Tacto, oído, gusto, olfato, vista. En ocasiones chupa cada gajo lentamente hasta que casi se le deshacen en la boca, tan sólo queda esa piel suave que los cubre; esa piel igual a las mucosas, tan delicada como ellas.

Separar un gajo de otro gajo con los dedos o con la lengua le recuerda algo; no sabe qué, pero siente un terrible placer. Son más gruesos por una cara, estrechándose en la unión

MAN

Los labios se unen y después se separan.

DA

La lengua choca contra los dientes.

RI

Toca el paladar.

NA

Regresa de nuevo a los dientes.

El vaivén de la lengua, atrás, adelante de la boca; el puro placer del roce con los dientes; el jugo cayendo por el dedo al introducirse en ella, por el centro.

Mandarina.

Epílogo

(La carta que encontró Amelia)

Laura,
paloma amedrentada,
Laura,
te amo directamente,
no
por caridad.
Estás cansada
de todo,
de sufrir frío,
de tu pequeño acordeón
entre las piernas,
del desamor,
pero no olvides
(nunca),
yo te amo directamente,
y no
por caridad.

Blas de Otero

Estoy viendo Gilda en la televisión. No puedo escribir nada más. Pensé que para qué, para quién. Hace un rato escuché a Rita Hayworth pronunciar esa frase que siempre me gustó tanto: si fuese un rancho, me llamarían tierra de nadie. Me puse a llorar. Ésas son las palabras; ésa es mi frase de haber sido todo esto una película, Amelia. Te escribo porque mañana quizá no pudiese explicártelo igual de bien y necesito hacerlo, al menos intentarlo.

Cuando vengas a buscarme, hablaremos. El camino hacia el norte será largo y tendremos tiempo de charlar; mira, otra frase de película; estoy sembrada de cine últimamente, Amelia.

Tengo una sensación extraña, como si el mañana no existiese. Creo que estoy trasnochada; que éste no es mi mundo ni nunca lo fue. Me expreso como una mujer del XIX en un tiempo del XXI. Ahora todo el mundo grita libertad, pero libertad individual; para ellos, nada de libertad para el pueblo. Ahora, que todas las mujeres quieren ser libres de una manera extraña, yo pido a gritos que me ocupen, Amelia. No quiero ser ese rancho tierra de nadie; no quiero sonrisas de ambigua caridad cuando hablo de pasión a gente que ya no cree en ella. Cada día, cuando compro el periódico, veo en las estanterías revistas con sexo cada vez más brutal y sin sentido. Revistas femeninas que encuentran fantástico pasar sola el verano, «liberador» lo llaman. Y yo no. Yo encuentro mucho sexo barato y poco sentimiento en este mundo, Amelia. Y no veo nada fantástico en estar sola; ni creo que esas posturas, infames para la espalda, que recomiendan las revistas a la hora de «echar un polvo» —así lo llaman— lo sean. Eso es humillante, Amelia. Ponte tú, a nuestra edad, a probar esos retorcimientos; terminaríamos en urgencias con una lesión de cadera o columna para el resto de la vida. No es suficiente con que seamos eficaces, con eso no es suficiente; hay que ser una puta sofisticada para triunfar, y por supuesto, pesar cuarenta kilos a lo sumo. ¡Vida de mierda!, Amelia; vida de mierda la que nos están metiendo por el alma y la cabeza. Antes era el *Ama* —la revista que compraban mi madre y la tuya— la que daba pautas de comportamiento femenino, pautas un tanto idiotas.

Éstas son igual de idiotas, distintas y a la vez tan iguales. No veo yo recomendar a Kavafis en ninguna revista de ésas, y eso sí que es sexo, al menos a mí me lo parece. Sexo más fuerte y con más pasión que esos textos, marranos y sin sentido, que veo cada día en las estanterías del quiosco.

Vuelve otra vez y tómame, amada sensación retorna y tómame; cuando la memoria del cuerpo se despierta, y un antiguo deseo atraviesa la sangre; cuando los labios y la piel recuerdan, cuando las manos sienten que aún te tocan.

Puro sexo. Puro sentimiento. Nada vulgar, Amelia.

Crecimos en una sociedad caduca de tanta progresía ilustre y divina. Crecimos rodeadas de tanta Custodia, tanta Misa y Procesión, de tanta mezcla extraña que al final tenía que suceder. Esta mierda de movimiento pendular y desquiciante donde todo se confunde, terminará por volvernos locas. ¿Qué carajo pinta una mujer imitando las malas artes de los hombres? ¿Eso es el feminismo por el que tanto luchamos? Si es esa la igualdad, yo no la quiero para nada. No quiero ser igual a seres inferiores; no es mi meta retroceder en la escala de la evolución. Me niego a eso y me da igual ser retórica o pasada de moda; no me importa.

Recuerdo mis notables en Literatura y Crítica literaria. Notables que debían haber sido sobresalientes o matrículas de honor y no lo fueron. Me quedé en el notable porque el cabrón del catedrático opinaba que Bécquer y Darío eran dos mierdas sensibleros; yo opinaba lo contrario y lo escribí. Un notable, Amelia.

De nada me sirvió un magnífico trabajo sobre Blas de Otero y su poesía. El inútil aquel —que había sacado la cátedra en una tómbola— no lo valoró. Para él era impensable que la misma persona pudiera amar de esa manera a Blas de Otero, Bécquer, Darío o Celaya; qué más da quién o qué. No valoró la pasión auténtica que yo había puesto en los trabajos y al final, eso es lo único importante.

Ahora que tengo mi cátedra; ahora que el mango de la sartén es mío, no subjetivizo jamás con estos estudiantes incultos y poco lectores. Les hablo de sentimientos, les pido que lean lo que deseen y que me digan lo que sienten; sólo eso. Nada de crítica literaria al uso; nada de qué quiso decir con esa frase el autor —que querría decir lo que le diese la gana—. Nada de eso les pido. Sólo lo que ellos sienten; me da igual lo que sintiese quien lo escribió; me importa lo que logró transmitir de esos sentimientos.

Doy clase a los hijos de los mierdas que dicen haber estado en Mayo del 68 en París. De haber estado todos los que dicen que estuvieron, París no habría sido suficiente, habrían necesitado Francia entera. Asisto a este espectáculo dantesco de mutaciones, de transformaciones; de rojos rojísimos o pijos pijísimos, como el anuncio. ¿De qué coño me sirvió ser como soy? ¿De qué me sirven tantos valores inmutables? Siempre me quedo en el notable. Jamás tendré matrícula de honor; en nada, Amelia.

A mi edad, tengo este maldito cuaderno entre las manos; un cuaderno lleno de cuentos escritos para alguien a quien únicamente vi una vez y un minuto en una esquina. Hice feliz a un miserable y me veo en la mierda de vaca más grande que jamás imaginé. Escatológico, ya lo sé, y también sé que me dirás que no fue para tanto. Y sí que lo fue. De todas formas, pienso que ni muerta me harían renegar del sentimiento y la pasión. ¡Manda cojones que en la facultad me miren raro porque recomiendo a Jane Austen o a las Brontë! ¡Que digan de mí que soy una trasnochada, e incluso reaccionaria por recomendar esas lecturas! Ésas, y Alfonso Sastre, Vallejo o los Goytisolo. Para mis compañeros, como antaño lo fue para mi catedrático de literatura, continúan siendo incompatibles. Sender escribió *Crónica del alba* y *La tesis de Nancy*, tan distintas y tan fantásticas las dos. Estos pardillos hipócritas adoran a Cela. A mí me da grima y lo digo sin recato alguno: ¡no soporto leer nada del Nobel! Te juro que muchas mañanas me dan ganas de entrar en el claustro gritando: ¡Viva Pemán y los Quintero! Por joder, sería sólo por joder, ya sabes. Pero hasta de joder estoy cansada; follé tanto mentalmente durante este último año que estoy fatigada; no puedo más. Ya no se me ocurren más guarradas que inventar, Amelia. Se terminó mi batería inagotable de perversiones sexuales: sin sentimiento, ya no merece la pena. Y él no tiene sentimientos, al menos no como los míos. Yo voy por casa cantando como una demente. Canto a voz en grito: «¡No volveréeeeeeeeeee te lo juro por Dios que me mira! ¡Te lo digo llorando de rabiaaaaaaaaaaa! ¡No, no volveréeeeeeeeeeeeee!». Lo malo es que lo recuerdo; al acostarme, al levantarme. Voy a ir a un psicólogo. Necesito convencerme, más bien que el psicólogo lo haga. Que me cuente: «El individuo al que usted recuerda no existe. Se enamoró usted de una voz, señora; tan sólo de eso. Distorsionó usted el sentimiento de ese hombre y se hizo una imagen que no existía. Algo en su infancia, alguna carencia en la niñez hizo que usted sintiese eso».

Encima la culpa será mía; para no variar. Me hará bucear en el pasado a diez mil pesetas la hora. «La Voz» ya me envió al psicólogo; el miserable ya lo hizo en una ocasión, Amelia. Ese día me cagué en su madre, pero ahora no me quedan fuerzas para eso. Ni te molestes en decir que estoy loca; lo sé y por eso me siento mal. Si no lo supiese, sería feliz; los locos suelen serlo. Por eso y porque él no debe cantar lo mismo, estoy así; en realidad no es locura, es rabia. Seguro que él canta: «¡Libreeeeeeeeeee como el viento que recoge mi lamento y mi pesar! ¡Libreeeeeeeeeeee!». Él cantará eso cuando su mujer no esté cerca; cuando salga en el coche en busca de esquinas y mujeres idiotas como yo.

Lo único que a mí me salvaría sería un episodio de amnesia; un episodio de amnesia selectiva que me hiciese olvidar lo burra y tonta que fui. El olvido, necesito olvidar su voz, sus palabras. Palabras a las que una y otra vez doy vueltas, tratando de encontrar algún sentido diferente al que yo les di. Palabras en las que busco inútilmente algún rastro de sentimiento, Amelia. Lo busco y no lo encuentro. El Cantar de los Cantares, ya lo sé. Me dio tanto esa maldita voz que la venero y la maldigo por igual. Busco el olvido, Amelia. Desesperadamente quiero sacar de mi cabeza esa voz; desesperadamente quiero desterrar el sentimiento que provocó en mí. Y no puedo. La muerte me haría olvidarlo, pero no soy tan valiente; no puedo quitarme la vida, no me atrevo. En ocasiones, y ésta lo es, vivir es de cobardes.

Esta noche tengo ganas de marcar su teléfono —desvié sus llamadas a mi móvil y desde hace semanas sé su número—. Me apetece hacer eso, ver cómo disimula ante su mujer, llamarle cabrón con voz suave y guarra —él dice que la tengo guarra y eso, al parecer, lo excita—. Eso me apetece hacer esta noche en la que Venus brilla intensamente; en la que mi casa huele a mandarinas y geranios, verbena y ámbar. Será otra cursilada pero ésa es la verdad: Venus brilla como nunca y mi casa huele a eso y al que no le guste que se joda.

Al regreso de vacaciones, recomendaré a los alumnos infames que el destino me otorgó lecturas de Corín Tellado. Esta vez sí que utilizaré mi libertad de cátedra para obligarles a leer a esa señora que a mí siempre me pareció muy respetable; como ahora Vargas Llosa la pone por las nubes, el insigne peruano será mi coartada ante niños, padres y compañeros de facultad.

Creo que voy a llamarlo, Amelia; a llamarlo y a decirle con la voz más guarra posible: «Méame, cielo...».

Puede que lo impresione de nuevo. Si lo hiciese, si me mease, me moriría del susto para qué voy a engañarte; pero el susto de muerte que puedo darle yo esta noche me da valor para hacerlo. Puede que me muera yo, no lo sé. Tengo a Manzanita dando voces en el CD, cada día me gusta más. Combino Manzanita con unos chavales nuevos que se llaman Ríos de Gloria; escucho a los Chunguitos. De cuando en cuando, regreso al *Dúo de las Flores de Lakmé*. Delibes será incompatible con Manzanita, ni lo sé ni me importa; a mí me gustan los dos. En fin, que me volví una hortera llena de sentimiento y en absoluto reniego de ello, Amelia. No me importa nada sentir tanto ni de esta manera. Pobre del que no lloró por amor alguna vez; y pobre de quien sólo ve en Sade el dolor por el dolor sin ir más allá, sin ver la línea tan delgada que separa los sentimientos: amor, dolor, odio, placer; si no van juntos no es lo mismo.

¡Viva el sexo lleno de sentido, sentimiento y sensibilidad, Amelia! ¡Viva la vida y viva el amor verdadero que rompe muros e incluso vidas y voluntades! Esto último que he escrito debe de ser que me estoy volviendo definitivamente loca; eso debe de ser, Amelia. Porque hasta me dan ganas de escribir: ¡Viva la madre que me parió y que tanta razón tenía en algunas cosas! Mira tú en qué estado debo de encontrarme para escribir esto.

Un beso. Voy a dormirme crucificada en el madero de unos labios que ni siquiera sé a qué saben. Primero haré la llamada, si reúno el valor suficiente.

NUNCA MIRAS MIS MANOS

(Fragmento)

Sonó la línea de su despacho. Era Magdalena. Una Magdalena completamente alterada.

—¡Que no lo conocías! ¡Dijiste que no lo conocías! Esta misma tarde antes de irte al estudio dijiste que no conocías a Sergio Eitula. ¡Lo dijiste! ¿Cómo puedes mentirme en algo así, Corina? ¿Cómo puedes hacerme esto? ¡Tú y Sergio Eitula! ¡Es increíble! Supongo que— lo ocultas porque está casado y tú también… ¡De todas formas, no entiendo por qué te manda flores a ti! Perdona que sea tan franca, pero ¡no eres ninguna modelo, Corina!

—Magdalena, no entiendo nada, no sé de qué me hablas. Lo único que entiendo es Sergio. No sé en qué te he mentido. ¿Qué ocurre? Y no es necesario que me llames monstruo o fea, Magdalena. ¡Ese comentario está de más!

—¡Ocurre que en el salón de esta casa hay un enorme ramo de narcisos amarillos! ¡Narcisos amarillos y en noviembre, finales de noviembre para ser exactos! Y en el ramo de narcisos hay un sobre y dentro del sobre una tarjeta que dice: «Para una reina triste, Sergio». Eso ocurre, Corina.

—¿Por qué has leído la tarjeta, Magdalena?

—¡Eso no tiene importancia, Corina! El hecho es que tienes un lío con Sergio Eitula y no me habías dicho nada, así que ahora no te hagas la interesante ni te enfades por que haya leído esa tarjeta. ¡Narcisos en noviembre! Tú y Sergio Eitula. *C'est incroyable!* No os parecéis en nada. ¿Cómo puedes haber ligado con un tío así? ¡Él siempre va con mujeres alucinantes! ¿Lo sabe la abuela? Te matará cuando se entere. Si le digo que Sergio sale en *Vogue* y es millonario, puede que tengas una oportunidad, Corina. Conociéndola, puede que hasta le guste. Claro que, para la abuela, ese Eitula será un comunista. Y no es católico; lo tienes crudo...

Corina Jacoby respiró hondo y colgó el teléfono. Su sobrina ya llamaría de nuevo. Le había enviado narcisos. ¿Un lío? Magdalena hablaba de una manera extraña a su edad. Un lío. Sonrió. Corina nunca había tenido un lío. Ella era su propio lío. Cuando Amalia supiese aquello diría lo mismo que Magdalena; Jaime y Leonor harían también el mismo comentario. Bien, sería divertido que pensasen que era un lío. Le había enviado narcisos. Continuó trabajando y, de cuando en cuando, pensaba en las flores que la esperaban en casa. Era agradable recibir flores, sobre todo narcisos. Narcisos en vidrio transparente; narcisos de tallo verde entre el agua cristalina, entrelazados; narcisos para halagar la vanidad; narcisos que adormecen los sentidos y después, al despertar del letargo, los agudizan...

Comenzó a dibujar figuras geométricas en un papel. Descolgó el teléfono y marcó un número.

—Hola, Melania. ¿Cómo estás? Me han regalado narcisos, un ramo de narcisos.

—Hola, Corina, bien, estoy bien. Sé lo de los narcisos, Magdalena me ha llamado varias veces para contármelo. Habla de un hombre, de narcisos, de que el hombre es un escritor de fama, y de un lío. —La voz de Melania Jacoby era más jovial que de costumbre, parecía divertida.

—Sí, Magdalena es como un grano. Bueno, narcisos en noviembre; ¿qué te parece, Melania?

—Bien, no está nada mal. Insólito. Yo tengo narcisos todo

el año y no son de invernadero. Bien, me parece bien. ¿Tienes un lío, Corina?

—¡Melania! Son cosas de Magdalena, que se empeña en decir eso y que la persona que me envió las flores es alguien que sale en el *Vogue*. ¿Cómo voy a tener un lío con alguien a quien ni siquiera conozco? Además, yo nunca tendría un lío... Y alguien que sale en el *Vogue* no tendría un lío conmigo, Melania.

—No sé, esas cosas nunca se saben, Corina. La belleza es algo subjetivo, aunque Magdalena aún no lo sabe. Las grandes pasiones no las levanta un cuerpo perfecto; lo hace la mente, Corina. Extraño es que alguien a quien no conoces te envíe narcisos; narcisos para halagar la vanidad, recuérdalo, Corina. Quien te los ha enviado te conoce bien; una esmeralda no habría tenido el mismo efecto en ti. Tú no conocerás a esa persona, pero él a ti sí. Ve con cuidado, Corina. Un beso.

El folio que Corina había garabateado durante la conversación estaba lleno de extraños dibujos: flores, ojos que derramaban lágrimas, dados. Lo arrugó, puso el lápiz en su sitio, abrió la ventana y decidió que era hora de ir a ver sus flores. Caminó despacio por la calle llena de gente. Anochecía, le gustaba esa sensación de entrar en casa mientras la luz del cielo se iba apagando. Aborrecía llegar a su casa cuando a las nueve de la noche aún era de día y la claridad invadía las estancias de su hogar dejando a la vista las motas de polvo sobre los muebles. El polvo sobre la madera poco usada volvía a recordarle el vacío. En el campo era distinto, pero en la ciudad, esa claridad la agobiaba.

Magdalena Jacoby apareció en el pasillo de la casa, como un ser demoníaco salido de las sombras. Corina le sonrió.

—¿Mentir te causa placer? No sé a qué viene esa cara de risa, me has mentido y no le veo la gracia. ¿Cómo vas a explicarme esto?

Corina había dejado el bolso y el chaquetón encima de

una silla. No contestó a Magdalena. Vio los narcisos. Raquel los había puesto en un jarrón de cristal verde; allí no estaban bonitos, allí no lucía todo el esplendor de aquellas flores. Caminó hacia la cocina con el jarrón en la mano sin escuchar a Magdalena, que la seguía, hablando sin parar, dejó las flores en la meseta de granito y regresó al salón. En él encontró lo que buscaba: un jarrón de cristal incoloro, sin tallar. Un jarrón fabricado por vidrieros de Lyon hacía más de un siglo. Allí estarían bien. Volvió a la cocina y colocó los narcisos en el nuevo recipiente. Sobre la mesa de nogal, entre los candelabros de plata que Melania le había regalado. Miró los narcisos de nuevo, las ramas enredadas en el agua clara, las flores amarillas reflejadas en el espejo de ébano colgado frente a la mesa. Ébano, semilla de ébano de un explorador polaco; tenía gracia.

—¿Vas a dejar de mirar esas flores con cara de boba, Corina? ¿Dejarás de hacerlo o tendré que llamar a Leonor para que te dé un meneo y te saque del estado catatónico?

—Caramba, Magdalena, una palabra nueva y bien pronunciada, qué bien. No son flores, Magdalena.

—¿Que no son flores? ¡Esto es peor de lo que yo pensaba! ¡Quedaste idiota, Corina!

—Más bien sorprendida. Son narcisos. Son más que flores, Magdalena; son narcisos. Estoy sorprendida porque son narcisos de jardín, no son de invernadero; se nota en el aroma, en el trozo de raíz. En Asturias, esta clase de narcisos sólo florece de marzo a mayo; narcisos de tallo largo. Adormecen los sentidos, Magdalena, o al menos eso piensa la gente; a mí me producen el efecto contrario, estimulan mis sentidos. Mira, Magdalena, mira qué perfección de forma: una estrella de seis puntas, una corona alargada. ¿Lo ves? Nadie puede construir algo tan aparentemente simple y a la vez tan perfecto, Magdalena, ningún ser humano. Después salen esos idiotas en las revistas de arquitectura hablando de minimalismos. Los narcisos no engañan, casi ninguna flor lo hace.

—Oye, Corina, todo esto me parece muy bien, pero aún no me has dicho por qué él te ha mandado las flores; perdona, los narcisos. —La voz de Magdalena Jacoby denotaba que ya se estaba cansando de repetir la pregunta.

—No lo sé, no sé por qué me envía narcisos. Supongo que se los pedí, no lo recuerdo. Seguro que le pedí algo que creí sería imposible. Sí, eso fue: él me lo dijo esta tarde. Yo se los pedí y él me los envió.

—Claro, es sencillo: tú le pides a Sergio Eitula narcisos y él te los envía, sin más. Cómo no lo había pensado antes; es de lo más normal, Corina. Cualquiera conoce a Eitula, cualquiera le dice: «Me apetecerían unos narcisos...». Normal, sí, normal...

Magdalena se conectó a internet y habló un rato con su madre y con sus hermanos. Corina saludó a su cuñada y mandó a Magdalena a la cama. Conectó el IRC y miró su correo. Amalia salía otra vez con su nubio, así que esa noche no podría contarle lo de los narcisos. «Amalia tendrá un nubio, pero yo tengo narcisos», pensó entre sonrisas; al día siguiente se lo contaría.

Entró en el chat y saludó deprisa. Inmediatamente buscó el nombre de Fohn en la columna de la derecha: estaba allí. Pinchó encima de su nombre, se abrió la ventana y Corina escribió:

—Hola, viento. Gracias :=)) Son preciosos los narcisos. No sé por qué lo has hecho.

—Tú me lo pediste, Corina. Por eso lo he hecho.

—Gracias, los tengo en casa y los miro sin cesar, Sergio. En noviembre no hay narcisos; en mi tierra sólo hay un lugar, un jardín, en donde crecen todo el año.

—Sí, lo sé, creo que son de ese jardín. Un tal Hamamelis me dijo que podía hacerse cargo del envío. Una persona curiosa; lo conocí aquí hace algunos días.

—¿Hamamelis? Sí, son de su jardín; seguro que sí :=))) Espero que no te cobrase, Sergio.

—¿Lo conoces? No, no me pidió dinero: me pidió unas semillas, unas semillas de sauce común. Pensé que no te enviaría los narcisos, pero esta tarde recibí un mail que decía: «Ella los ha recibido». Un tipo extraño, ese Hamamelis.

—No es un tipo, es mi tía Melania :=))) Esas semillas de sauce significan amor a la soledad, o eso creo. Nunca sé por qué hace las cosas.

—¿Está loca? ¿Tu tía está loca?

—No, no lo creo. Tiene un jardín, un jardín que ha construido a base de donaciones, podríamos llamarlo :=)) Sí, donaciones; aunque mi madre lo calificaría de otro modo :=)))

—¿Donaciones? Es raro, Corina, nunca había oído nada parecido...

—Es una historia bonita. Melania se casó muy joven, pero fue muy desgraciada. Abandonó a su marido y regresó a su casa, la casa que sus padres le habían dejado en herencia. Nunca volvió a casarse. Crió a sus hijos y se dedicó a construir el jardín. Con las plantas hace brebajes :=)) Y con alguna de esas fórmulas ganó, y aún gana, mucho dinero, Sergio. Es muy rica. Ella amó a muchos hombres, pero parece que jamás se entregó a ninguno de ellos. Consumaba sus amores plantando las semillas que ellos le enviaban desde los sitios más extraños. Así creció el jardín. Escribió un libro, un libro que, según dicen, posee cualidades mágicas :=)) Bueno, no te aburriré con eso :=))

—No me aburres, Corina; cuéntamelo; es una bonita historia...

—Es casi como un cuento, un cuento que podría titularse *El jardín de los amores de Melania Jacoby*:

»Érase una mujer que tenía una extraña afición: coleccionaba amores. Amores que nunca consumaba más que en forma de semillas. La rara afición de Melania se plasmó en un jardín con arbustos, flores y plantas de todo el mundo. Un ébano, fruto de su amor con un explorador polaco; el áloe se lo enviaron de Socotora; la quinina, de los Andes; la acacia, de Australia; la yuca y la chumbera, del desierto de Coahuila; henna, de Marruecos; planta de opio, de China; cedro, del Líbano; sándalo, de Samarkanda... No tenía un trazado al uso el parque de Melania. Era diferente, sin lógica alguna. Únicamente respetaba las distancias necesarias de plantado. Silvestre, umbrío, abierto, soleado, bien drenado. Mezcló árboles y flores, arbusto y rosaleda, hierbas y plantas, sin control. Al caminar sobre el guijo se encuentran ulmaria, angélica, malvavisco, bergamota, valeriana, primavera, pulmonaria, hinojo y salvia, eneldo y perejil, lirios del valle y tomillo. El trazado de aquel parque fue exacto al de su vida: sin lógica alguna. De los amores de Melania nació el parque, que muchas tardes contemplo desde el cenador que cobija un áloe, y también el *Libro de las plantas para vivir y para amar*. Un clásico que muchos quieren y pocos tienen; sólo los hijos de los amantes de Melania. Ella escribió, de su puño y letra, uno por cada hombre al que amó. El libro tiene propiedades milagrosas, curativas. Al abrirlo, los aromas llenan el aire, se meten en el cuerpo, por la piel. Las hojas van abriéndose por el lugar donde se encuentra la receta que cura el padecimiento de quien lo tiene en la mano. Un mareo y el libro se abre por la hoja del jengibre. Se nota el sabor de la raíz en la boca y, poco a poco, el malestar desaparece. La árnica vuela hacia el tobillo herido; el olmo rojo hacia el forúnculo; la melisa hacia el estómago; la consuelda hacia la cicatriz mal curada; la eufrasia hacia el orzuelo... El sándalo inunda el baño del amante; la menta, su boca; el espliego, su alma; el neroli con aceite de soja, su piel. Cuando se va el amante, de madrugada, del libro salen mariposas amarillas que llenan el aire y espantan lágrimas amargas. Yo tengo uno de los libros, y sé que es verdad. Los días en que me duele un poco el alma, desgastada a cierta edad y por la falta de lógica imperante, tomo el libro en las manos y se abre por la página que más necesito; salen mariposas amarillas que, con sus alas, en una caricia muy suave, recogen mis lágrimas y las llevan a quien pertenecen. Muchos quieren el libro y pocos pueden tenerlo. Es útil a quien cree en el amor brujo, a quien siente y piensa con el alma. No sirve a los incrédulos. La alquimia es, en gran parte, cuestión de sentimientos, de color, de sabor, de olor, de cualquier sentido —y no necesariamente del común, que suele ser el más ausente en estos casos—. Melania Jacoby no carece de él, es sensata hasta el aburrimiento. No es lógica, pero eso no es necesario para vivir ni amar ni plantar semillas que después, con los años, curan a la gente. Melania Jacoby sabe que, en estas cuestiones, dos y dos no son necesariamente cuatro...

»Ésa es más o menos la historia, Sergio. ¿Te has dormido?

—La música no me duerme, Corina: relaja y aviva mis sentidos; y eso que has escrito es música. Hermosas palabras, hermosa historia. Lo cuentas muy bien, Corina.

—Gracias, eres muy bueno. Oye, mi sobrina Magdalena dice que eres un escritor famoso, que sales en el *Vogue* y alguien me dijo que en *Granta*. ¿Es verdad?

—Escritor soy. ¿Famoso? No lo sé, supongo que sí; mucha gente me lee. El *Vogue* no lo leo nunca; *Granta*, de vez en cuando. Corina, no quiero que te enfades, pero quiero decirte algo: si continúas hablándome así, escribiéndome esas cosas, me enamoraré de ti. Ahora tengo que irme. Un beso, princesa. Descansa.

—Bien, enamórate de mí, hazlo. Pero, por favor, no tardes.

Apagó el equipo y caminó hacia la cama. Una noche de noviembre en la que el aroma de los narcisos llenaba su casa. El sentido común, como casi siempre, se ausentaba de Corina Jacoby cuando se pronunciaban las palabras amor, hombres y cariño. Desde hacía años, esas palabras desequilibraban su entendimiento.

La falta de pan agudiza los sentidos.

La falta de amor los obceca.

Los días ya no fueron iguales desde esa madrugada; ni las noches ni los sueños ni la vida de Corina y de quienes la rodeaban. Bernarda de la Vega reñía menos con su hija: no tenía oportunidad, casi ni la veía. Sol del Valle dejó de ser el blanco de las burlas de Corina. Jaime Arias quedó relegado a un segundo plano y Pablo de la Vega confundía el silencio de su prima con respeto por la situación de felicidad que él y Leonardo Scarpia disfrutaban.

ÍNDICE

De la ternura, la impostura y el sexo 7

Nada te turbe (fragmento) 109

Cuentos de hombres (fragmento) 127

Mandarina (fragmentos) 145

Nunca miras mis manos (fragmento) 157